Ruth und Hans-Joachim Heil

# Ich bin Ihm begegnet

Die Bibel beim Wort genommen

Die Deutsche Bibliothek – CIP-Einheitsaufnahme

**Heil, Ruth:**
Ich bin Ihm begegnet : die Bibel beim Wort genommen / Ruth und
Hans-Joachim Heil. – 3. Aufl. – Lahr : Johannis 1993
(TELOS-Bücher ; 681 : TELOS-Taschenbücher)
ISBN 3-501-01139-3
NE: GT

ISBN 3 501 01139 3

TELOS-Bücher
TELOS-Taschenbücher Nr. 70681
3. Auflage 1993 · 9.–11. Tausend
© 1992 by Verlag der St.-Johannis-Druckerei, Lahr
Umschlagfoto: M. Ruckszio
Umschlaggestaltung: Helmut Baumann
Gesamtherstellung:
St.-Johannis-Druckerei, 7630 Lahr/Schwarzwald
Printed in Germany 11240/1993

## Inhaltsverzeichnis

| | |
|---|---|
| Konfirmation ohne Glaube | 9 |
| An was hängt mein Herz? | 14 |
| Nehmen ist selig | 18 |
| Kletterpartie | 21 |
| Ein Mann lernt beten | 25 |
| Ein Laie auf der Kanzel | 28 |
| Brot genug | 32 |
| »Mein« Afrika | 36 |
| Zeitverschiebung | 40 |
| Öl im Krug und Benzin im Tank | 43 |
| Wenn es dem bösen Nachbarn nicht gefällt | 47 |
| 10 000 DM, die zuviel waren . . . | 50 |
| Was hat den Vorrang? | 53 |
| Wohnungsbesichtigung | 57 |
| Ein Vöglein als Lehrmeister | 60 |
| Eine Nähmaschine statt einem Esel | 66 |
| Daumen und Kreissäge | 69 |
| O weia, da muß ich aber nachzählen | 73 |
| Aufstehen! | 75 |
| Liebt Gott mich persönlich? | 77 |
| Wirf mich ins Wasser! | 80 |
| Gelächter vom Abgrund | 84 |
| Gott weiß, wo der Kuchen ist | 87 |
| Der Papagei in der Stadthalle | 89 |
| Streit ums Ehebett | 91 |
| Jesus trägt Sicherheitsgurt | 96 |
| Sie hat der Himmel mir geschickt | 98 |
| Buße ist ein fröhliches Geschäft | 101 |

| | |
|---|---|
| Diagnose: Krebs | 105 |
| Gott kennt alle Telefonnummern | 107 |
| Käse mit Schinken und Ei | 111 |
| Dein Wille geschehe | 115 |
| Führungen | 118 |
| Berlin | 121 |
| Vergiß nicht! | 124 |
| Was ich dir wünsche | 127 |
| Gehalten | 128 |

# *Vorwort*

»Was kann man mit der Bibel schon erleben?«, mag einer sagen, »die ist viel zu alt . . ., vor mehr als zweitausend Jahren geschrieben.«

Doch für jeden, der sich damit beschäftigt, wird sie in irgendeiner Form lebendig. Denn wer mit der Bibel zu tun hat, der bekommt es automatisch mit demjenigen zu tun, um dessentwillen sie geschrieben wurde. Mit der Bibel erlebt heißt also letztlich: Mit Gott erlebt.

# Konfirmation ohne Glaube

*»Das Wort Gottes steht nicht in Worten, sondern in Kraft!« (1. Korinther 4, 20)*

»Wer war das?«, laut und bestimmend tönte die Stimme des Pfarrers durch den Saal. Das Papierkügelchen hatte getroffen. Die anderen lachten. Sie wußten, daß ich mich nicht davor fürchtete, aus dem Unterricht und von der Konfirmation ausgeschlossen zu werden. Es tat mir gut, bewundert zu werden, und von dem »religiösen Kram« und der Bibel hielt ich sowieso nichts. »Heil, warst du das?« Ich stand auf. »Ja«, antwortete ich ziemlich frech. Für mich war dieser Mann unglaubhaft, ein Märchenerzähler.

Die Bibel? Das war doch nur ein Buch mit vielen unglaublichen Geschichten. Allerdings endeten nicht alle mit einem Happy-End, wie es Märchen zu tun pflegen. Diese geringschätzige Meinung hatte ich, als ich dreizehn Jahre alt war. Und dabei mußte ich mir Woche für Woche anhören, was der Pfarrer uns beizubringen versuchte. Wie gerne hätte ich mich vor diesem Unterricht gedrückt! Aber wenn man schon in der evangelischen Kirche war, mußte man auch konfirmiert werden. Das war die Meinung meiner Eltern, und daran ging kein Weg vorbei.

Das einzige, was mich ein wenig lockte, war die Aussicht, auf diese Weise eine Menge Geschenke zu bekommen. Mein Entschluß stand fest. »Nie wieder werde ich freiwillig eine Kirche von innen sehen«, dachte ich beim Abendmahl, das ich mit den anderen Konfirmanden einnahm.

»Nie wieder«, so waren meine Gedanken. Aber die Bibel ist ein sehr lebendiges Buch, weil hinter ihr der lebendige Gott steht. Und in seiner Gnade ging er mir weiter nach. In der Schule war ich sehr eifrig. Sie bereitete mir große Freude. Besonders interessierten mich die Sprachen. Aber auch der Mathematik und der Chemie galt mein brennendes Interesse. Für letzteres Fach hegte ich eine so große Begeisterung, daß ich mir zu Hause jede Menge Chemikalien hielt und damit experimentierte. Meine Eltern mußten immer wieder unterschreiben, daß sie mit den Stoffen, die ich mir besorgte, einverstanden seien. Sie vertrauten mir, wußten aber nicht, wie gefährlich manches davon war. Es hätte sie und mich das Leben kosten können.

Ein Nachbar kam dadurch in große Gefahr. Ich hatte Schwarzpulver hergestellt und die damit gefüllte Konservendose im Garten zur Explosion gebracht. Der davonfliegende Deckel wurde in den Garten unseres Nachbarn geschleudert, der gerade dort arbeitete. Voller Entsetzen berichtete er, daß der scharfe Deckel nur knapp an seinem Hals vorbeigezischt sei.

In meinem Leichtsinn machte ich mir über eventuelle Folgen keine Gedanken.

So lebte ich in der Begeisterung für die Wissenschaften, die für mich Lebensinhalt und Sinnerfüllung darstellten. Wenn es um Gott oder Kirche ging, hatte ich nichts als Spott übrig. Dummerweise war aber auch der Religionsunterricht nicht zu vermeiden, da er als ordentliches Lehrfach galt. Mein Religionslehrer schien offensichtlich genauso wenig vom Glauben zu halten wie ich. Er saß seine Stunden ab, wie wir Schüler auch, sehnsüchtig auf den Ton wartend, der die Pause ansagte. Eines Tages erwähnte er das Buch »Die Bekenntnisse des Augustinus«. Erklärend fügte er hinzu: »Augustinus war zwar ein Kirchenvater, aber dieses Werk ist so bedeutend, daß es zur Weltliteratur gehört.«

Kirche bedeutete mir überhaupt nichts. Aber das Wort »Weltliteratur« reizte mich. Alles, was lesenswert erschien, war für mich bedeutend. So begann ich, zu lesen und zu staunen. Die Bibel, so hatte ich mir ein Bild zurechtgemacht, war erfunden und unglaubwürdig. Doch das, was ich jetzt las, war historisch belegt, überprüft, wahrhaftig. Es irritierte mich, daß da ein Mensch Gott erlebte, buchstäblich das Wort Gottes am eigenen Leibe erfuhr. Und noch dazu ein Mensch, der zuvor ein sehr ausschweifendes, schlimmes Leben geführt hatte. – Sollte es diesen Gott denn wirklich geben? Und ging er tatsächlich auf Menschen ein, die es eigentlich gar nicht wert waren, daß er mit ihnen Verbindung aufnahm?

So viele Fragen waren in meinem Herzen. Aber zu wem hätte ich gehen sollen? Ob es in unserem Jahrhundert überhaupt noch Menschen gab, die ernsthaft an ihn glaubten? Ich konnte es mir nicht vorstellen. Denn bis jetzt war mir noch keiner begegnet, von dem ich es gewußt hätte.

Wenn Gott im Leben des Augustinus so eingegriffen und es umgewandelt hatte, konnte und wollte er es dann auch bei mir tun? Mit bangem Herzen ging ich auf die Knie. »Gott, wenn es dich wirklich gibt, dann will ich dich kennenlernen«, so lautete mein erstes Gebet. Es war ein eigenartiges Gefühl, nach Jahren der Ablehnung erstmals zu beten. Doch ich merkte, daß dieses Gebet nicht nur so in den leeren Raum gesprochen war.

Da gab es ein Gegenüber. Ich konnte ihn weder sehen noch beschreiben. Tief bewegt stand ich auf. Auf den Dachboden – außer Sichtweite – hatte ich nach der Konfirmation die Bibel gebracht. Und das war schon gut zwei Jahre her. Alles sammelte sich da oben, was man nicht unbedingt brauchte, aber auch nicht wegwerfen wollte. Nun suchte ich sie. Ich wollte wissen, was darin stand. Und ich fand sie auch. Wo aber sollte ich zu lesen beginnen? Ich schlug sie in der Mitte auf. Da standen die Psalmen. Während ich die ersten Worte darin las, merkte ich, daß es Worte von Menschen waren, die mit Gott redeten, als stünde er vor ihnen. Es waren oftmals meine eigenen Probleme, die diese Menschen ausdrückten – und das vor mehr als dreitausend Jahren!

Gott, den ich totgeglaubt hatte, lebte! Die Worte der Bibel wurden mir lebendig, sprachen zu mir, gaben mir Trost.

Die Psalmen wurden mir zu täglichen Begleitern. Ich begann mich zu verändern. Und auch die anderen merkten das. Es war für meine Umwelt nicht ganz einfach, meine Veränderung und den damit einhergehenden Wertewandel richtig einzuordnen.

Tief im Herzen spürte ich, daß Gott mich rief, Theologie zu studieren. Aber ich wollte nicht! Ich hatte mir ein naturwissenschaftliches Studium vorgenommen. Konnte ich Gott nicht auch als Naturwissenschaftler oder mit den verschiedenen Fremdsprachen dienen, die ich gelernt hatte? Ich versuchte, mit Gott einen Handel zu machen, und staunte darüber, wie unnachgiebig er war.

Viele konnten meinen Weg nicht verstehen. Auch nicht mein Chemielehrer, der meine Entscheidung sehr bedauerte.

Es ist eigenartig, welche Wege Gott mich dann führte. Doch eines weiß ich heute mehr als je zuvor: Er weiß alles. Und Er will das Beste für mich.

# An was hängt mein Herz?

*»Trachtet zuerst nach dem Reich Gottes und nach seiner Gerechtigkeit, so wird euch alles andere zufallen.« (Matthäus 6, 33)*

Zuerst nach dem Reich Gottes trachten? »Ja natürlich«, so würden manche spontan darauf antworten. »Gott – er ist mir am allerwichtigsten.« Wie aber sieht das aus, wenn Gott uns darin prüft? Daß unser Herz an vielem hängt, wird uns erst dann bewußt, wenn wir es verlieren oder weggeben sollen. So erging es jedenfalls mir.

Nach unserer Hochzeit war ich noch für einige Zeit berufstätig. Als Krankenschwester fand ich große Erfüllung darin, kranken Menschen zu helfen. Das machte mich wirklich froh. Ein angenehmer Nebeneffekt war, daß ich dadurch Geld verdiente. Und das braucht man eben auch zum Leben, zumal noch kaum etwas an Möbeln in unserer neuen Wohnung stand.

Inzwischen waren wir umgezogen, und da war das meiste des Ersparten von meinem Konto verschwunden. Nur ein paar hundert Mark hatte ich »gerettet«. Dies Geld sollte einen großen Wunsch erfüllen: ein gutes Tonbandgerät. Ich wollte die ersten Sprechversuche unseres kleinen Sohnes aufnehmen, gute Vorträge anhören, wenn mein Mann im Pfarramt allzu beschäftigt war, und mich an schöner Musik erfreuen.

Bisher hatte mir die Gelegenheit gefehlt, etwas Geeignetes zu kaufen. Aber ich hatte ja Zeit.

Übers Wochenende bekamen wir Besuch. Ein lieber,

befreundeter Missionar hatte einen Abstecher gemacht, um uns wiederzusehen. Wir hatten herrliche Gemeinschaft im Gebet und im Erzählen davon, wie wunderbar Gott durchgeholfen hatte.

Doch mitten hinein in diese Freude hörte ich die Stimme: »Geh zur Bank, hebe dein Geld ab, und gib es dem Missionar mit.« ›So ein Unsinn!‹ versuchte ich mich zu beruhigen. ›Warum soll er ausgerechnet das Geld brauchen, das ich mir für das Tonbandgerät reserviert habe? Wir geben doch treu den zehnten Teil unseres Geldes an Gott. Und außerdem haben wir selbst auch nicht zuviel. Gott kann doch nicht so hart sein und mir diesen Wunsch wegnehmen!‹ Mit allen möglichen Argumenten versuchte ich, die Stimme in mir zum Schweigen zu bringen. Doch es half nichts. Immer neu hieß es: »Geh zur Bank. Nimm alles Geld, und gib es dem Freund mit!« Es gab keinen Zweifel. Gott wollte keinen Handel mit mir machen. Er wollte ganz einfach meinen Gehorsam. »Herr, du weißt alle Dinge«, betete ich. »Du weißt auch, wie sehr mein Herz an diesem Gerät hängt. Jetzt erst weiß ich, *wie* sehr. Aber DU sollst den ersten Platz haben.«

Ich ging zur Bank und holte das Geld. »Dies hat mir der Herr aufgetragen, dir zu geben«, sagte ich und überreichte es unserem Freund. Fast ungläubig schaute er mich an: »So viel?« Tränen traten in seine Augen. »Stellt euch vor«, berichtete er nun meinem Mann und mir, »mein Auto ist in der Werkstatt. Es hat mir unterwegs den Dienst versagt. Ein lieber Bekannter lieh mir sein Auto, bis meines wieder aus der Reparatur kommt. Nun rätselte ich ständig herum, wie ich die Rechnung würde bezahlen können, wenn ich es abholen werde. Aber jetzt weiß ich es ja. Gott hat wieder wunderbar vorgesorgt.«

Wie sich danach herausstellte, war der mitgegebene Geldbetrag genau der, der zur Bezahlung notwendig gewesen war.

Welch eine große Freude breitete sich da in mir aus, Gottes Handlanger gewesen zu sein! Diese Freude überwog bei weitem meinen Wunsch nach dem Gerät.

Aber der Herr macht keine halben Sachen. In dem obigen Text heißt es ja: »So wird euch das andere zufallen!«

Es war gerade eine Woche vergangen. Mein Vater kam zu Besuch. »Ich hab euch eine Überraschung mitgebracht«, tat er geheimnisvoll. »Ihr wißt ja, daß ich oft auf Reisen bin. Nun habe ich mir statt des wertvollen Tonbandgerätes einen einfachen Kassettenrekorder gekauft. Der ist praktischer und reicht mir völlig. Ich will euch mein Tonbandgerät schenken. Wollt ihr es haben?« – »Papa«, jauchzte ich, »das hat der Herr dich geheißen! Nun geht mein Wunsch doch in Erfüllung!« Wir berichteten ihm froh von unserer Erfahrung.

Das Gerät funktionierte einwandfrei. Es war ein wertvolles Tonbandgerät. Alles, was fehlte, war ein Mikrofon. Und wenn schon, dachte ich bei mir, das würde sich sicher erstehen lassen.

Weihnachten war vorüber. Wir trafen uns zum ersten Mal wieder mit dem Jugendkreis. Es war eine frohe Runde. Am Schluß der Stunde blieb Peter zurück. »Nun, was ist los?« fragte ich ihn. »Ich hab da ein Problem«, sagte er etwas verlegen. »Denk' dir, zu Weihnachten hab ich mir ein Mikrofon gewünscht.

Und jetzt hab' ich statt nur einem sogar zwei sehr gute geschenkt bekommen. Ich kann sie aber nicht zurückgeben. Jeder meiner Onkel wäre beleidigt, wenn ich es ihm sagte. Und da dachte ich, du wüßtest vielleicht jemanden, dem ich das eine schenken könnte. Es ist mindestens einhundert Mark wert. Ich will nichts dafür. Ich würde nur so gerne jemandem eine Freude damit machen.« – »Peter«, ich fiel ihm fast ins Wort, »macht es dir etwas aus, wenn dieser ›jemand‹ ich bin?« »Nein, ganz im Gegenteil«, rief er voller Freude aus, »kannst du es denn gebrauchen?« – »Und ob!« antwortete ich. Dann erzählte ich ihm die ganze »Trachtet zuerst«-Geschichte. Wir dankten Gott von Herzen dafür, welche Wege er geht, um uns Menschen sein Wort lebendig zu machen.

# Nehmen ist selig
## – oder – Ist ein Deo-Stift notwendig?

*»Geben ist seliger als nehmen!«* (Apostelgeschichte 20, 35)

Da mein Mann krank geworden war, mußten wir für eine bestimmte Zeit von einem Drittel, später von der Hälfte seines ursprünglichen Gehaltes leben. Dies war nicht ganz einfach, denn es waren allerhand Ausgaben zu bestreiten; dazu kamen unsere vier Kinder . . . und wir hatten viel Besuch.

Menschen holten sich Rat, andere suchten ein wenig Geborgenheit in unserer Familie, wieder andere wollten während der Sommerferien einfach einmal bei uns hereinschauen.

Ich habe Besuch wirklich gern, aber dieses Mal waren wir von dem vielen Besuch ziemlich erschöpft. Was uns jedoch noch mehr bedrückte, war, daß wir eigentlich kein Geld mehr zur Verfügung hatten, um Lebensmittel einzukaufen. Und der Monat war erst zur Hälfte herum.

Morgens hatte ich im Bad festgestellt, daß der Deo-Stift leergeworden war. Da wir einen heißen Sommer hatten, war es eigentlich kein Luxus, sich einen Deo-Stift zu leisten. ›Aber Lebensmittel sind doch notwendiger‹, ging es mir durch den Kopf. Ich hielt das leere Behältnis vor mich hin und sagte: »Herr, es ist leer. Du weißt, was für mich nötig ist.«

Kurze Zeit später klingelte es an der Haustür. Freunde waren zu einem Ausflug unterwegs. Lilo kam fröhlich herein und drückte mir ein kleines Päckchen in die Hand. »Preis sei Jesus«, sagte ich mit bewegtem Herzen. Sie schaute mich verständnislos an: »Ist bei dir alles in Ordnung?«, fragte sie. »Und ob«, entgegnete ich, »Gott ist wunderbar. Ich weiß, was in dem Päckchen – ist!« – »Ach nein«, entgegnete sie verlegen, »es ist nichts Besonderes. Wir hatten keine Zeit, etwas zu besorgen, da nahm ich das da« – sie zeigte dabei auf das Päckchen – »aus dem Schrank. Das kann man bei dem heißen Wetter immer gebrauchen.« Ich packte ihren Deo-Stift aus und erzählte ihr davon, daß meiner morgens leergeworden war. Sie freute sich von Herzen mit, daß sie das Richtige gebracht hatte.

Doch immer noch fehlten uns die Lebensmittel. Warum erfüllte Gott einen Wunsch, der eigentlich gar nicht so wichtig war, und gab uns nicht, was wir zum Leben viel dringender brauchten?

Wir wollten ihm vertrauen, daß er alle Dinge wußte. Wenn ihm schon mein Deo nicht gleichgültig war, dann kannte er auch unseren anderen Bedarf. Wir dankten ihm, daß er unser Vater war und er für seine Kinder sorgen würde.

Es war kurze Zeit später. Unsere Freunde hatten sich schon wieder auf den Weg gemacht. Da klingelte es erneut. Eine alte Dame stand vor der Tür. Ich kannte sie nur flüchtig. Wir hatten uns einmal im Wartezimmer beim Arzt unterhalten über die Art, wie man mit Kindern über Gott reden kann.

»Frau Heil«, begann sie zaghaft, »mir ist heute etwas Eigenartiges passiert. Ich bin zwar schon alt, aber verwirrt bin ich nicht, bitte glauben Sie mir. Ich ging zur Bank, um Geld zu holen. Da hieß es in meinem

Herzen: ›Nimm das Geld, geh zum Lebensmittelgeschäft und kaufe für Familie Heil ein.‹« Sie unterbrach sich: »Sie glauben mir doch hoffentlich!? Mir ist so etwas in meinen ganzen Leben noch nicht passiert. Ich kaufte also ein, und hier bin ich, um es Ihnen zu bringen.« Mit zwei Tüten schwer beladen war sie auf dem Fahrrad zu unserem Haus gefahren.

In den Tüten befanden sich Reis, Nudeln, Butter, Zucker, Mehl . . ., lauter Dinge, die man zum täglichen Leben braucht. Sogar Schokolade!

Ich war richtig beschämt. Diese Frau hatte sicher nur eine kleine Rente. Und sie beschenkte uns auf großartige Weise. Tief bewegt erzählte ich ihr, wie ich Gott gebeten hatte, uns das Nötigste zu geben. »Durch Sie hat der Herr mich erhört«, berichtete ich ihr mit dankbarem Herzen. Sie selbst aber war noch mehr berührt: »Dann war es Gottes Stimme, der ich gehorcht habe. So etwas ist mir noch nie vorgekommen.«

Nun war ich beschenkt mit Lebensmitteln für mehrere Tage, und sie war beschenkt mit einem überglücklichen Herzen. Jetzt gewann das Wort Gottes: »Geben ist seliger als nehmen«, neu für mich an Bedeutung. Ja, wirklich, diese Frau war seliger als ich. Aber ich war auch selig!

Wenn Geben seliger ist als nehmen, so bedeutet das, daß auch das Nehmen selig ist! Nun hatte ich verstanden.

# Kletterpartie

*»Denn wir wissen nicht, wie wir beten sollen, sondern der Geist selbst vertritt uns mit unaussprechlichem Seufzen.« (Römer 8, 26)*

Wieder einmal erwarteten wir Besuch. Aber er war kein Fremder. Ein bißchen gehörte er zu unserer Familie, weil er unser Freund war. Wie freuten wir uns auf unseren holländischen Gast, der von seinen vielen Reisen nach Ost und West immer herrliche Erzählungen mitbrachte! Das stärkte unseren Glauben, und wir wußten, daß Gott auch heute noch Wunder tut. Bei ihm sind nicht nur die großen Dinge unseres Lebens wichtig, sondern auch die alltäglichen.

Es klingelte. Das mußte er sein. Ich lief zur Tür. Aber da stand nicht nur der ›fliegende Holländer‹, wie wir ihn im Scherz oft nannten, sondern noch ein zweiter Mann vor der Tür. Als er meinen erstaunten Gesichtsausdruck sah, lachte er: »Heute hab' ich mich verdoppelt. Wir sind zu zweit gekommen. Auf diese Weise hast du die Chance, möglicherweise gleich zwei Engel zu beherbergen« (Hebräer 13, 2).

Wir aßen miteinander, beteten und freuten uns an den Wohltaten Gottes. Dann verabschiedeten sich die beiden mit den Worten: »Morgen haben wir hier in der Gegend noch zu tun. Übermorgen kommen wir dann nochmal bei euch vorbei, bevor wir weiterziehen.« »Ihr seid uns herzlich willkommen«, ließen wir sie wissen.

Ein neuer Sommertag hatte begonnen. Im Vielerlei

der Pflichten war der Morgen wieder viel zu schnell herumgegangen. Es war Mittagzeit, und ich suchte die Zutaten fürs Essen zusammen.

Unsere Kleinste hatte gerade laufen gelernt. Sie war darin noch nicht ganz sicher, aber sie übte mit großer Hingabe und freute sich an dieser Neuentdeckung.

Die Fenster waren weit geöffnet, und die Sonne schien warm herein. ›Bald werde ich beim Öffnen der Fenster vorsichtiger sein müssen‹, ging es mir durch den Kopf, ›die Kleine klettert viel herum. Aber noch ist keine Gefahr.‹

Mit diesen Gedanken begab ich mich in die Kochküche und begann mit der Zubereitung des Mittagessens. Nur wenige Minuten waren vergangen, als ich innerlich ständig die Mahnung verspürte, nach dem Kind zu sehen. ›Bin ich denn so ein ängstlicher Mensch?‹ schalt ich mich selbst. ›Eben habe ich doch gerade nach ihr geschaut. Was soll schon sein? Sie wird schon schreien, wenn etwas nicht stimmt.‹ Aber all mein inneres Argumentieren half nichts. Es war, als würde ich mit Gewalt aus der Kochküche in die Wohnküche gezogen.

Was ich da sah, ließ fast mein Herz aussetzen. Die Kleine hatte, ohne daß ich etwas gehört hätte, den Stuhl zum Fenster gerückt. Auf ihn hatte sie einen kleinen Hocker gestellt. Schon dies war ein Meisterwerk für so ein kleines Menschenkind. Aber das war nicht alles. Denn sie hatte es offensichtlich geschafft, über dieses wackelige Gestell das offene Fenster zu erreichen.

Als ich hinzukam, war sie mit Händen, Kopf und Oberkörper schon auf dem äußeren Fenstersims angelangt.

Jeder, der sich ein wenig in der Anatomie auskennt, weiß, daß der kindliche Kopf wesentlich größer und schwerer im Verhältnis zum Körper ist als der des Erwachsenen. Dazu hat ein Kleinkind noch kein so gut ausgeprägtes Gleichgewichtsempfinden wie ein ausgewachsener Mensch. Die Gefahr, daß das Kind aus dem Fenster fallen könnte, war ungemein groß.

Hinter dem Fenstersims ging es mehrere Meter in die Tiefe.

Diese schreckliche Gewißheit durchzuckte meine Gedanken. So schnell ich konnte, rannte ich zum Fenster. Ich packte den Fuß des Kindes mit der einen Hand und umfaßte die Hüften mit der anderen. Langsam zog ich das Kind wieder ins Zimmer. Mein Herz pochte laut. Dann sank ich, mit dem Kind in den Armen, auf einem Stuhl nieder. »Herr«, betete ich voll Dankbarkeit, »danke, daß du uns unser Kind noch einmal geschenkt hast.«

Der Tag ging zu Ende, und ein neuer begann. Die beiden Holländer wollten heute wiederkommen. Wir waren gespannt, was sie mit Gott erlebt hatten.

»Was war gestern bei euch los?« fragte der eine höchst interessiert schon an der Haustür. »Gestern?« Ich überlegte. »Um welche Zeit denn?« wollte ich wissen. »Um die Mittagszeit, ja, es muß gerade Mittag gewesen sein«, antwortete er mit Nachdruck. »Aber wie kannst du das denn wissen?« äußerte ich erstaunt. Niemand wußte von dem Geschehen außer meinem Mann und unseren Kindern. Wirklich niemand?

Ich berichtete von der Bewahrung unseres Kindes, und wie ich im letzten Moment aus der Kochküche in die Wohnküche »gebracht worden war«.

Unser Freund erzählte nun: »Wir waren gestern gerade unterwegs, als ich sehr deutlich an euch erinnert wurde. Es war so eindrücklich, daß ich für euch beten mußte. Ich hatte keine Ahnung, wofür ich beten sollte, doch ich spürte, daß jemand von euch in großer Gefahr war. So flehte ich zum Herrn für euch. Nach einiger Zeit ließ das Drängen, für euch zu beten, nach. Ich wußte, daß der Herr durchgeholfen hatte.«

Ist es nicht wunderbar, daß Gott Menschen durch seinen Heiligen Geist erinnert, für andere zu beten, die in Not sind? Und ist es nicht noch wunderbarer, daß Gott dann wiederum das Gebet dieses Menschen erhört, um einem anderen aus der Not herauszuhelfen oder ihn zu bewahren?

Mir ist eines dabei klargeworden: Es ist eben nicht egal, ob wir beten oder nicht! Beten bewegt den Arm Gottes!

Dieser Geschichte möchte ich den Ausspruch eines Evangelisten anfügen. Er forderte uns als seine gläubigen Freunde auf, für ihn zu beten: »Es ist mir nicht unbedingt wichtig zu wissen, daß ihr mich auf eine Gebetsliste setzt. Aber bitte betet dann intensiv für mich, wenn der Heilige Geist euch an mich erinnert! Und laßt dann nicht nach im Gebet! Denn gerade dann benötige ich es wahrscheinlich ganz besonders.«

# Ein Mann lernt beten

*»Abba, Vater!«* *(Markus 14, 36; Römer 8, 15; Galater 4, 6)*

Das Telefon klingelte. Ich meldete mich. Eine verzweifelte Frauenstimme am anderen Ende der Leitung fragte: »Ist dort Frau Heil?« Noch bevor ich richtig ja sagen konnte, fing die Frau an zu weinen. Unter Schluchzen berichtete sie mir: »Wir haben all die Jahre eine gute Ehe geführt und uns immer gut verstanden. Aber in der letzten Zeit hat sich mein Mann sehr verändert. Manchmal schreit er mich sogar an. Ich dachte immer, er wäre nur einfach überarbeitet. Aber seit heute«, wieder unterbrach sie sich mit Weinen, »weiß ich, warum er so anders ist. Er hat eine Freundin. Ich habe einen Brief in seiner Jackentasche gefunden.« Sie weinte herzzerreißend. »Und dabei hab ich meinen Mann so gern.«

Wochen und Monate vergingen. Es war ein schmerzlicher Weg, auf dem wir diese Frau begleiten durften. Oft plagte sie der Gedanke an Selbstmord. Sie magerte sehr ab, da sie vor Kummer kaum essen konnte.

Durch diese furchtbare Not fand sie zu Jesus Christus, der allein wirklich trösten kann. »Weißt du«, sagte sie eines Tages zu mir, »es ist furchtbar, durch so viel Enttäuschung zu gehen; aber noch furchtbarer wäre es, wenn ich über aller Sorglosigkeit, in der ich vorher gelebt hatte, ohne Gott in die Ewigkeit gegangen wäre.«

Immer noch hoffte sie, daß ihr Mann eines Tages zu

ihr zurückkehren würde. Eigentlich war dies aussichtslos. Trotzdem hoffte ich mit ihr.

Monate waren inzwischen vergangen. Der Tag der Scheidung rückte immer näher. Es war nicht einfach, der Frau klarzumachen, daß sie sich diesen Tatsachen zu stellen hatte.

Doch dann geschah das Wunder. Gott wandte das Herz dieses Mannes wieder seiner Frau zu. Menschlich war das nicht mehr zu erwarten gewesen.

Vorher hatte der Mann nichts mit uns zu tun haben wollen. Aber nun suchte er Kontakt. Er war über sich selbst und diese »Verirrung«, wie er es bezeichnete, sehr erschüttert. »Was war ich doch nur für ein Esel«, sagte er kopfschüttelnd. »Wie konnte ich so verblendet sein!« Seine tiefe Dankbarkeit drückte er immer wieder neu aus, und er war sehr froh, daß wir seine Frau in dieser schweren Zeit begleitet hatten.

Ich konnte nicht anders. Es mußte einfach sein, daß ich ihm von Jesus Christus sagte, der seine Frau in dieser Zeit festgehalten hatte. »Wir waren nur Handlanger«, erklärte ich ihm. Aber von Gott wollte der Mann nun absolut nichts wissen. »Laß mich mit diesem frommen Kram in Ruhe«, bat er mich. »Ansonsten kann ich dich gut leiden. Ein Glück, daß man sich mit deinem Mann wenigstens vernünftig unterhalten kann.«

Diese beiden wurden uns zu lieben Freunden. Selbst als wir umgezogen waren, besuchten sie uns gelegentlich. So standen sie eines Tages wieder vor der Tür. Es war gerade Essenszeit, und ich lud sie ein, mit uns zum Tisch zu kommen. »Gerne«, sagte der Mann fröhlich, »aber zuerst laß uns beten. Darf ich das tun?« – »Ach,

Jens«, gab ich zur Antwort. »Scherze doch nicht über so etwas. Für mich ist Jesus zu heilig. Es tut mir weh, wenn du so daherredest.« – »Aber dann verstehst du mich falsch, Ruth«, meinte er ernst. »Er ist jetzt auch mein Herr.« Daraufhin faltete er die Hände und betete: »Vater, ich meinte früher, so unendlich klug zu sein. Und doch erkannte ich dich nicht. Ich meinte zu leben, aber wußte doch gar nicht, was Leben wirklich war. Nun habe ich dich gefunden und bin so froh . . .«

Dieser studierte Mann betete ein solch kindliches Gebet, daß mir die Tränen aus den Augen rannen. Er sprach mit Gott so, wie ein Kind mit seinem geliebten Vater spricht. Ja, wahrhaftig, er hatte durch Jesus zum Vater gefunden und konnte nun »Abba« (Vater) sagen.

# Ein Laie auf der Kanzel

*»Sorgt euch nicht, es wird euch zu der Stunde gegeben werden, was ihr reden sollt«. (Matthäus 10, 19)*

Es war Oktober. Das Erntedankfest stand vor der Tür. Erfahrungsgemäß würden an diesem Tag wieder viele Menschen zur Kirche kommen.

Ich freute mich, daß für die Menschen in der ländlichen Umgebung dies ein Anlaß war, Gott zu danken für all das Gute, das er auf dieser Erde wachsen ließ.

Hell und warm kamen die ersten Sonnenstrahlen durchs Fenster. Es würde wahrscheinlich ein schöner Tag werden.

Während ich mich noch reckte, wachte auch mein Mann auf. Aber statt des »Guten Morgen«, das er mir sagen wollte, kamen aus seinem Munde nur Krächzlaute. Er konnte kaum sprechen. Im Volksmund nennt man das »einen Frosch im Hals haben«.

Wir waren beide ziemlich betroffen. Denn mein Mann sollte an diesem Tag in einer Nachbargemeinde vertretungsweise den Gottesdienst halten. Aber unter diesen Umständen war das nicht möglich. Niemand würde ihn verstehen. Er bekam ja kaum einen Laut heraus. Nun war guter Rat teuer. Wer könnte in solch kurzer Zeit den Gottesdienst übernehmen?

Während wir noch berieten, kam meinem Mann ein Gedanke: »So viele Jahre sitzt du jetzt schon in der Kirche unter der Kanzel«, sagte er zu mir. »Heute hältst du einfach den Gottesdienst.« – »Aber so einfach ist das gar nicht. Ich habe doch keine Ausbildung zum

Predigen. Und außerdem, was soll ich predigen? Und die ganze Liturgie!« gab ich zu bedenken.

»Nun, die Lieder sind alle schon durchgegeben und angeschlagen in der Kirche. Für die Liturgie gebe ich dir die Agende mit. Und für die Predigt habe ich mir Stichworte aufgeschrieben.« – »Stichworte?« fragte ich entsetzt. »Ja, und außerdem bewegte mich dieser Text so sehr, daß ich ihn dir gestern abend vorlas. Dies ist nämlich der heutige Predigttext. Du hast gestern ausgezeichnete Gedanken dazu geäußert. Sag sie einfach heute als Predigt. Du brauchst ja nicht lange zu sprechen.« – »Und wenn ich Schwierigkeiten mit dem Dekan bekomme?« wollte ich wissen. »Dann kriegst nicht du, sondern höchstens ich die Probleme«, krächzte er und lächelte mich an.

So viel wie an diesem Morgen hatte ich schon lange nicht mehr gebetet. Die Knie zitterten mir, als ich mein schwarzes Kostüm mit der weißen Bluse anzog.

Als ich an der Kirche ankam und mich beim Kirchendiener meldete, staunte der nicht schlecht. »Eine Frau als Pfarrer?« fragte er kopfschüttelnd. Zur Erklärung muß ich sagen, daß dies fast zwanzig Jahre zurückliegt und es damals selten war, daß Frauen predigten. »Ich bin nur die Vertretung von der Vertretung«, versuchte ich zu erklären.

Der Gottesdienst begann. Ich merkte, wie Gott mir hindurchhalf, und wurde ganz ruhig. Auch die Worte für die Predigt fielen mir zu. Was ich weitergab, waren hauptsächlich Zeugnisse, wie Gott mir in schweren Lebensführungen zurechtgeholfen hatte. Ich machte meinen Zuhörern Mut, ihm zu vertrauen, daß er für jeden von uns auf seine Weise sorgen will. So, wie er das Gras und die Blumen, aber auch das Korn und den Salat wachsen läßt, wird er für uns – seine Kinder – eine Möglichkeit finden, wie uns geholfen werden kann.

Ich weiß nicht, wie lange ich sprach. Die Worte flossen mir zu, und ich gab sie weiter.

Schließlich war der Gottesdienst zu Ende. Ich ging zum Ausgang, um die Leute zu verabschieden, wie es Brauch war. Die Menschen drückten mir die Hand. »So etwas habe ich noch nie gehört«, sagte eine Frau bewegt.« – »Ich danke Ihnen für das, was Sie mit uns geteilt haben«, ließ mich eine andere wissen. »Ich kann nur unterstreichen, was Sie in der Predigt sagten«, meinte dann ein Mann, »Gott erhört wirklich Gebet.« Als schließlich alle gegangen waren, wandte sich mir der Kirchendiener zu: »Ich muß Ihnen etwas gestehen«, sagte er leicht unbeholfen. »Erst dachte ich: ›Auch das noch, eine Frau‹, aber jetzt kann ich nur sagen: Kommen Sie doch bitte wieder!« – »Das steht nicht in meiner Macht«, erklärte ich ihm. »Ich bin nicht einmal Lektorin. Und eigentlich ist das heute nur ein Notfall, weil der vertretende Pfarrer krank ist.« – »Schade«, sagte er, »einfach schade.«

Die Leute in dieser Gemeinde setzten sich dafür ein, daß ich wiederkommen sollte. So wurde ich künftig als Lektorin eingesetzt. Ich hatte viel Freude an diesem Dienst.

Aber wahrscheinlich predigte ich nie wieder mit soviel Kniezittern wie an jenem Sonntag. Möglicherweise aber gelang auch eine Predigt nie wieder so gut wie damals, weil ich mich in der völligen Abhängigkeit von Gott wußte. Ich erlebte dieses Wort: »So fürchtet euch nicht vor ihnen, es wird euch zu derselben Stunde gegeben werden«, zwar nicht in der Situation, mich vor Gericht verantworten zu müssen, aber eben doch genau für meine Lage. Ihm, unserem Gott, sei die Ehre!

## Brot genug

*»Jesus nahm das Brot, dankte und brach es.« (Matthäus 14, 19; 15, 36)*

In unserer Gemeinde hatten wir unter den Jugendlichen einen neuen Aufbruch zum Glauben erlebt. Es war eine Freude zu sehen, wie in dieser Zeit der Drogen und des Alkohols junge Menschen von Sünde und Gebundenheit frei wurden. Für uns als Familie stand ein Umzug bevor. »Aber wir dürfen euch doch weiterhin besuchen«, vergewisserten sich die Jugendlichen. »Bitte haltet doch Freizeiten für uns.« – »Wir haben jetzt zwar nicht mehr soviel Platz im Haus wie vorher«, gaben wir zu bedenken, »aber ihr seid herzlich willkommen!«

Der Sommer kam. Wir hatten ein Wochenende mit den jungen Leuten geplant. Sonntags sollten sie alle im Gottesdienst mitwirken mit Liedern und Zeugnissen. Deshalb wollten sie schon samstags mittags anreisen.

Auf einer nahegelegenen Wiese bauten sie ihre Zelte auf. »Um die Verpflegung braucht ihr euch nicht zu kümmern«, hatten sie uns mitgeteilt. »Die bringen wir selbst mit.« Im Bach kühlten sie in Behältern Würste, Suppe und Butter, so daß sie nicht einmal unseren Kühlschrank in Anspruch nehmen mußten. Sie waren stolz darauf, Selbstversorger zu sein, und teilten alles Eßbare miteinander. Allerdings hatten sie vergessen, jemanden zu bestimmen, der für die Einteilung der Lebensmittel zuständig war.

Es war Abend geworden. Die Äste knackten im

Lagerfeuer und gaben herrliche Wärme ab. Während sie in der Glut zusammensanken, saßen wir um das Feuer, rösteten Würste und erzählten einander, was Gott in unserem Leben gewirkt hatte. Mein Mann und ich waren bewegt davon, mit welcher Freude die jungen Menschen Jesus nachfolgten.

Es war spät, als wir schließlich auseinandergingen. Deshalb staunten wir nicht schlecht, als am Sonntagmorgen schon um acht Uhr die Hausglocke läutete. Drunten stand einer der jungen Leute. »Keine Angst«, sagte er, als er mein besorgtes Gesicht sah, »es ist nichts passiert. Na, ja«, setzte er dann hinzu, »wie man's nimmt. Wir haben nichts mehr zu essen. Als wir heute morgen frühstücken wollten, war kein Krümel Brot oder Kuchen mehr da. Uns ist das echt peinlich, aber wir haben solch einen Hunger. Das hängt bestimmt mit der guten, frischen Luft zusammen. Mich haben sie nun hergeschickt, um zu fragen, ob ihr vielleicht noch was für uns habt.«

Ich hatte zwar auch nicht allzu viel im Haus, auf jeden Fall nicht genug für zwanzig Menschen. Aber was wir hatten, wollten wir teilen. Deshalb schickte ich den Jungen wieder zum Zeltplatz mit dem Hinweis: »Bring' einfach alle hierher! Ihr könnt bei uns frühstücken.« Im unteren Stockwerk des Hauses befanden sich leere Räume, die wir bei Bedarf nutzen durften. Dort standen auch Tische und Bänke. Das alles richteten wir im Eiltempo zu Frühstückstischen her.

Eine Freundin war gerade zu Besuch. Sie half mir sehr lieb dabei. »Marmelade haben wir ausreichend da«, ging es durch meinen Kopf. »Die Butter wird nicht ganz reichen und Brot . . . das wird sehr kritisch werden.« »Wir schneiden alles Brot auf und stellen es auf den Tisch«, bedeutete ich meiner Freundin.

Während ich in Eile die Sachen zusammenrichtete und Kaffee kochte, schnitt sie das Brot und richtete es in Körbchen. Ich wunderte mich, warum sie so oft ins untere Stockwerk lief. So viel Brot hatten wir doch gar nicht! Schließlich hatte die ganze fröhliche Schar Platz genommen. Wir dankten dem Herrn für das Essen und segneten es. In meinem Herzen aber hatte ich die spezielle Bitte an den Herrn, alle mögen doch satt werden. Ich wünschte allen einen guten Appetit – Hilfe! – und ging dann nach oben, um unsere Kleinen anzuziehen und für den Gottesdienst fertigzumachen. Bald kamen die ersten nach oben, um das Geschirr zu spülen. »Seid ihr satt geworden?« fragte ich mit bangem Herzen. »Und ob!« antwortete Theo, »schau, in meinem Brotkorb ist noch genug.« – »Aber ihr habt ja kaum etwas gegessen!« sagte ich. »Da merkt man, daß du nicht dabei warst«, antwortete er lachend. »Frische Luft macht hungrig. Aber jetzt sind wir wirklich satt.«

Sie gingen zurück zu den Zelten, um die Liederhefte für den Gottesdienst zu holen.

Während wir alles wegräumten, fing ich an zu staunen. Es war noch jede Menge übriggeblieben. »Wieviele Körbchen hast du denn mit dem Brot gefüllt?« fragte ich erstaunt meine Freundin. »Eine ganze Menge, du siehst es doch«, antwortete sie mir. »Aber soviel Brot war ja gar nicht da«, gab ich ihr zu verstehen. »Aber sicher! Ich hab' es doch selbst aufgeschnitten«, sagte sie. Dann hielt sie inne, besann sich und fuhr, mit Erstaunen in der Stimme, fort: »Aber wir hatten ja nur ein einziges, angeschnittenes Brot!« – »Du hast vielleicht nur drei Stück Brot in jedes Körbchen gelegt«, wollte ich ihr erklärend helfen. »Aber nein«, sagte sie fast ärgerlich, »frag doch die anderen! Die haben nämlich ganz schön beim Frühstück zugelangt.«

Da erst wurde uns bewußt, daß Gott bei uns eine Vermehrung des Brotes gewirkt hatte. Alle waren satt geworden. Und es war noch übriggeblieben!

Gott gibt überreich! Am Nachmittag bekamen wir überraschend Besuch von lieben Freunden. Als kleine Freude hatten sie uns einen Laib selbstgebackenen Brotes mitgebracht!

# »Mein« Afrika

*»Der Herr ist freundlich dem, der auf ihn harrt, und*
*dem Menschen, der nach ihm fragt.« (Klagelieder 3, 25)*
Im Gegensatz zu meinem Mann lernte ich den Herrn
Jesus schon in meiner Kindheit kennen. Als ich schließlich konfirmiert wurde, war dies ein großer, froher Tag
für mich. Ich wollte später unbedingt in die Mission
gehen. Für mich war klar, daß es einmal Afrika sein
würde. Ich war nun richtig gespannt, welchen Bibelvers der Pfarrer für mich ausgewählt hätte. Insgeheim
wünschte ich mir den Sendungsbefehl Jesu: »Gehet hin
in alle Welt und predigt das Evangelium« (Markus 16,
15). Aber es mußte nicht unbedingt dieser sein. Ebenso
gefallen hätte mir: »Lobe den Herrn, meine Seele«
(Psalm 103, 1. 2. 22) oder auch »Bittet, so wird euch
gegeben« (Matthäus 7, 7). Auf jeden Fall sollte es etwas
sein, wo man irgendwie in Aktion treten könnte:
Bitten, beten, loben oder auch gehen.
Als der Pfarrer schließlich bei der Einsegnung meinen Vers vorlas, war ich tief enttäuscht. Nein, dachte
ich in meinem Herzen, das muß ein Irrtum sein. Dieser
Pfarrer ist vielleicht nicht so richtig gläubig, sonst wäre
er mehr vom Geist Gottes geleitet gewesen!
Als ich nach Hause kam, beschloß ich, den gerahm-
ten Vers nicht aufzuhängen. Ich legte ihn in meinen
Nachttisch. Dieser Vers war sicherlich ein Irrtum. Er
hieß: »Der Herr ist freundlich dem, der auf ihn harrt,
und dem Menschen, der nach ihm fragt« (Klagelieder
3, 25). »Harren«, das war mir viel zu langweilig, zu

altmodisch. Das hieß doch soviel wie abwarten, in Ruhestellung sein, inaktiv, langweilig dasitzen. Nein, das wollte ich nicht. Nach Gott »fragen«, na, das ging gerade noch. Denn ich wollte wissen, was er mit mir vorhat.

Viele Jahre vergingen. Zu meiner großen Freude hatte mein Verlobter und späterer Ehemann den gleichen Wunsch wie ich. Er wollte einmal in die Mission gehen, und zwar nach Afrika. Ich jubelte darüber, wie Gott uns zusammengeführt und uns sogar eine gemeinsame Schau für die Zukunft gegeben hatte.

Die Jahre verstrichen. Mein Mann beendete sein Theologiestudium und ging ins Pfarramt, ich war inzwischen Krankenschwester geworden. Wir freuten uns am Dienst in der Kirche, aber in unserem Herzen war immer noch Afrika das eigentliche Ziel.

Doch dann kam vieles anders. Durch Krankheit bedingt wurde Afrika unmöglich. Wir waren tropenuntauglich geworden. Die Krankheit führte dazu, daß mein Mann den Dienst nicht mehr ausüben konnte, sondern in den vorzeitigen Ruhestand gehen mußte.

Hatten wir beide Gott mißverstanden? War es nur ein Wunschtraum von uns gewesen? Gelegentlich fiel es mir sehr schwer zu verstehen, wie Gott uns geführt hatte. Eines Tages geriet mir wieder mein Konfirmationsvers in die Hände. Ich hatte ihn aus meinem Gedächtnis zu löschen versucht. Als ich ihn jetzt durchlas, gewann er eine ganz neue Bedeutung für mich. »Der Herr ist freundlich dem, der auf ihn harrt!« Das konnte ich plötzlich viel besser verstehen. Es ging nicht darum, ob mein Wunsch erfüllt wurde, sondern darum, daß Gottes Plan für mein Leben geschah. Ich merkte, daß das Harren manchmal viel schwerer ist als das Gehen, das Abwarten schwerer als das Handeln. Und ich beschloß neu, Gott einfach zu vertrauen, daß er es richtig machen würde. Im Fragen meiner Seele nach ihm würde es irgendwann eine Antwort geben.

Mit siebzehn Jahren hatte ich für fast ein Jahr in der Familie von Walter Trobisch mitgeholfen. Diese Zeit war mir zum großen Gewinn geworden. Nicht nur, daß ich mehr über Afrika erfuhr – die Familie war für elf Jahre dort gewesen –, sondern ich wurde auch mit Eheberatung vertraut. Außerdem lernte ich dort meinen späteren Mann kennen, der als Student bei ihnen ein- und ausging.

Walter und Ingrid Trobisch waren inzwischen durch Bücher und Artikel bekanntgeworden und standen vollzeitig in der Eheseelsorge. Außerdem hielten sie Eheseminare und Vorträge in vielen Ländern der Welt. Wir hatten immer noch Kontakt mit ihnen, indem wir gelegentlich in der Briefseelsorge mithalfen.

In der Zeit nun, in der mein Hans-Joachim krank geworden war, starb eine Mitarbeiterin von Walter Trobisch. Sie hatte recht selbstständig für ihn gearbeitet und hinterließ nun eine große Lücke. »Könntest du bitte einen kleinen Teil ihrer Arbeit übernehmen?« bat Walter ihn eines Tages.

So kam es, daß im Laufe der Zeit die ganze Afrikakorrespondenz in englisch und französisch auf dem Schreibtisch meines Mannes landete. Er arbeitete sich ein, und es bereitete ihm tiefe Freude, auf diese Weise etwas für Gott tun zu dürfen.

Ein heller Sommermorgen war angebrochen. Trotzdem war es gerade an diesem Morgen recht dunkel in meinem Herzen. »Warum hatte Gott uns so ganz anders geführt, als wir es uns vorgestellt hatten? Warum waren wir in Deutschland und nicht in Afrika? Warum saß mein Mann am Schreibtisch und predigte nicht den Eingeborenen?« Ich fand darauf keine Antwort.

Doch der Alltag mußte trotzdem weitergehen. Mein Mann war heute nicht zu Hause. Deshalb wollte ich sein Büro in Ordnung bringen, putzen und abstauben. Schließlich blieb ich vor dem Schreibtisch stehen. Der sollte auch abgestaubt werden. Aber wie? Er lag voll mit Luftpostbriefen. Und während mein Blick über den belagerten Schreibtisch ging, war es, als würde eine Decke von meinen Augen genommen. Der ganze Schreibtisch lag voll mit afrikanischer Post. Jetzt wurde mir klar: »Das ist *dein* Afrika!« Ich hörte diesen Satz so laut in mir, daß ich das Ausrufezeichen dahinter wahrnahm.

Eine unbeschreibliche Freude erfaßte mich. Wäre das Büro nicht so eng gewesen, ich hätte mit dem Schrubberstiel getanzt, wie die Afrikaner tanzen, wenn sie sich freuen. Da war mein Afrika, von mir verkannt, vor meinen Augen verborgen und doch waren wir mittendrin.

Warten, Aushalten, unserem Gott Vertrauen schenken, auch wenn man lange nichts davon in Erfüllung gehen sieht, das war also das Geheimnis meines Konfirmationsverses.

Ja, der Herr ist freundlich dem, der auf ihn harrt, und dem Menschen, der nach ihm fragt.

# Zeitverschiebung

*»Sonne, stehe still zu Gibeon, und du Mond, im Tale Ajalon!« (Josua 10, 12)*

Alle Könige der Amoriter hatten sich gegen das Volk Israel versammelt, lesen wir in diesem Text. Aber Gott gab seinem Volk durch sein Eingreifen einen gewaltigen Sieg. Um aber diesen Sieg vollkommen zu machen, sprach Josua mit dem Herrn und gebot darauf der Sonne stillzustehen. Für dieses unfaßbare Geschehen meinen manche Wissenschaftler sogar Beweise bringen zu können. Ich brauche keine Beweise dafür. Der allmächtige Gott hat die Naturgesetze erschaffen, auch um unseretwillen. Deshalb kann er sie auch um unseretwillen einmal aufheben. Aber er wird es nicht immer tun. Sonst käme die ganze Welt durcheinander. In seiner Gnade hat er uns an solch einem Wunder teilnehmen lassen, um unser Kind zu bewahren.

Unser kleiner Sohn brauchte etwas länger als manche anderen Kinder, bevor er seine ersten Schrittchen machte. Deshalb freuten wir uns auch ganz besonders daran. Wir konnten uns kaum daran sattsehen, wie er dies voller Freude ausprobierte. Ich staunte neu, welche Kunst das Gehen ist.

Es vergingen nur wenige Wochen, bis der kleine Kerl absolut perfekt im Rennen und Treppensteigen war – allerdings auch im Abhauen. Um die Türklinke zu erreichen, schleppte er einen kleinen Hocker herbei. Und kurz danach war er verschwunden. Das machte mir sehr viel Not. Denn nun mußte ich ständig auf der

Hut sein, um die Tür abgeschlossen zu halten. Dies war besonders am Nachmittag lästig, wenn alle Kinder von der Schule wieder zu Hause waren und man ständig auf- und zuschließen mußte. Und gelegentlich wurde es eben auch vergessen.

Nur wenige Meter vor unserem Haus führte eine Straße vorbei. Sie war zwar nicht allzu stark befahren, aber dafür rasten die Autos um so mehr, weil das Haus etwas außerhalb des Ortes lag.

Wir wohnten zu dieser Zeit im ersten Stockwerk. Ich blickte gerade aus dem Fenster, als ich folgende Situation wahrnahm: Nur 20 Meter entfernt kam ein Traktor mit Anhänger angefahren. Etwas weiter dahinten sah man einen Pkw, der schon den Blinker zum Überholen gesetzt hatte. Mit einer Sträucherreihe war das Grundstück zur Straße hin abgegrenzt. Diese Sträucher standen kaum einen Meter von der Straße entfernt, in lockerem Abstand zueinander. Man konnte also zwischen ihnen zur Straße gelangen, wurde allerdings erst spät von den Autos gesehen.

Unseren Jüngsten wähnte ich in der Wohnung. Während ich nun aus dem Fenster blickte, sah ich ihn aber dort unten, kurz vor der Sträucherreihe, fröhlich durch das Gras stapfend, genau auf die Straße zu. Ich schrie auf. Unser großer Sohn erfaßte mit einem Blick die Lage und rannte los. Ich dachte nach: das Fenster zu öffnen und zu rufen, würde die Lage eher verschlimmern. Wenn der Kleine den Eindruck hatte, daß wir ihn suchten oder zurückholen wollten, rannte er meist noch schneller.

Ich konnte also nichts tun als beten. Und das tat ich von Herzen. Vor meinen Augen geschah nun dieses

Wunder: Unser großer Junge erreichte die Sträucher gerade, als unser kleiner Junge hindurchgekrabbelt kam. Erst jetzt hätte er von dem Traktorfahrer gesehen werden können. Es wäre viel zu spät gewesen, um das Fahrzeug noch anzuhalten! Der Traktor war inzwischen gerade an die Stelle gekommen, an der unser Kleiner eben noch war. Das Auto war ebenfalls im Überholen begriffen.

Als unser großer Junge den Kleinen, der eigenartigerweise ganz stillhielt, heil auf seinen Armen zur Wohnungstür hereintrug, kam mir das Ausmaß des gerade erlebten Wunders erst voll zum Bewußtsein. Hätte Gott nicht seine Hände bewahrend dazwischengehalten, so wäre die Situation folgendermaßen abgelaufen: Unser Kleiner wäre direkt in das Fahrzeug hineingelaufen. Der Traktorfahrer hätte ihn mit Sicherheit erst zu spät gesehen und dann nicht einmal ausweichen können, da er gerade selbst überholt wurde.

Der Herr hatte das Wunder geschehen lassen, daß die zwei Fahrzeuge verlangsamt, die Zeit aber für unseren großen Sohn, um den Kleinen aufzuhalten, verlängert wurde. Könnte man im nachhinein die Zeit stoppen, so hätte der große Junge nur höchstens zwei Sekunden gebraucht, um durch die Wohnung, das ganze Treppenhaus, die Haustür, den Vorgarten entlang bis zur Hecke zu kommen. Dies ist zeitlich einfach nicht möglich.

Wie gnädig ist Gott, daß er dieses Zeitwunder schenkte, um unser Kind zu bewahren.

# Öl im Krug und Benzin im Tank

*»Das Mehl im Topf und das Öl im Krug gingen nicht aus, bis die Hungersnot vorüber war.« (1. Könige 17, 14. 16)*

Unfaßbar, diese Geschichte mit der Witwe. Ob sie manchmal sorgenvoll in das Vorratsgefäß hineinschaute? Oder ob sie in kindlichem Glauben täglich neu vertraute, daß der Herr für sie sorgen würde?

Viele moderne Menschen zweifeln an der Wahrheit der biblischen Geschichten. »Die wurden nur aufgeschrieben, damit die Menschen Gott besser vertrauen würden. Und wer vertraut, dem passiert nachweislich weniger«, so klärte mich neulich eine moderne Frau auf.

Aber Gott braucht keine erfundenen Geschichten, damit Menschen vertrauen lernen. Er lehrt uns Vertrauen, indem er sich um die kleinen und großen Belange unseres Lebens kümmert, wie damals bei der Witwe.

Eine liebe Bekannte lud mich zu der Ausstellung ihrer Bilder in Stuttgart ein. Ich hatte schon lange keinen Kontakt mehr zu ihr gehabt. Da sie schon durch viele schwere Lebensführungen gegangen war, wollte ich ihr mit meinem Besuch eine Freude bereiten. Ich hatte die vier Kleinen dabei, und sie genossen es als Ausflug. Doch die fast zweihundert Kilometer zogen sich lange hin. Allmählich wurden sie unruhig.

Aber auch ich wurde unruhig. Denn ich merkte, daß die Tankanzeige allmählich in den roten Bereich wanderte. Ich mußte unbedingt tanken, bevor wir uns später auf den Heimweg machten.

Die Ausstellung war vorüber. Die Überraschung war gelungen. Meine Bekannte hatte sich sehr gefreut. Schon waren wir auf dem Weg nach Hause.

An einer Tankstelle hielten wir. Als ich den Tankdeckel aufschließen wollte, stellte ich mit Schrecken fest, daß ich hierfür keinen Schlüssel bei mir hatte. »Ich kann Ihnen den Deckel aufbrechen«, informierte mich der Tankwart. »Aber der Deckel ist dann hinüber.« »Haben Sie keinen Ersatzschlüssel?« wollte ich wissen. »Selbst wenn wir welche hätten, wäre es sehr aufwendig, den richtigen herauszufinden«, sagte er mir. Schmerzlich ging es mir durch den Sinn, wie oft mein Mann mich daran erinnert hatte, etwas sorgfältiger mit Schlüsseln umzugehen. Der Tankschlüssel war nur deshalb nicht vorhanden, weil ich den eigentlichen Schlüssel, der mit dem Tankdeckelschlüssel zusammen am Schlüsselbund war, mal wieder verlegt hatte. Nein, ich wollte den Tankdeckel auf keinen Fall aufbrechen lassen. Vielleicht gab es doch noch eine andere Möglichkeit an einer Tankstelle auf der Autobahn.

Wir fuhren also weiter. Aber so sehr ich auch darauf achtete, ich konnte keine Tankstelle entdecken. Die Tankanzeige rückte immer mehr auf Null. So hoffte ich, wenigstens noch die nächstgelegene Stadt zu erreichen. Es war inzwischen spät geworden. Die Tankstellen hatten geschlossen. Wie sollte es nun weitergehen? Bis nach Hause waren es noch mindestens 70 Kilometer. Und ein großer Teil der Fahrt ging durch einsame Gegend und dunklen Wald. Wenn ich dort stehen bleiben würde? Ich fühlte mich so hilflos.

»Herr«, betete ich, »eigentlich ist es unverschämt, dich um Hilfe zu bitten für Dinge, die ich selbst verschuldet habe. Aber ich bin wirklich in einer schlimmen Lage. Bitte laß mich irgendwie Hilfe erfahren und nach Hause kommen.«

Zwei der Kleinen waren inzwischen eingeschlafen. Während ich überlegte, wie es nun weitergehen sollte, merkte ich, daß die Nadel sich während der letzten 50 Kilometer kaum verändert hatte. So beschloß ich, einfach weiterzufahren. In meinem Herzen war die Gewißheit, daß Gott für uns sorgen würde. Ich dachte an die Witwe in Zarpat, der Gott auch durch die Zeit der Hungersnot geholfen hatte. Er wußte sicher auch für mich einen Weg.

Dunkel senkte sich die Nacht herab. Fast keine Autos kamen mir entgegen. Schließlich erreichte ich unser Zuhause. Mein Mann kam mir entgegen und half mir, die Kinder ins Haus und ins Bett zu bringen. »Wir lassen den VW-Bus über Nacht im Hof stehen«, erklärte er. »Sonst stören sich die Nachbarn vielleicht am Lärm, wenn wir ihn nochmals starten, um ihn in die Garage zu fahren.«

Ich berichtete meinem Mann von meinem Mißgeschick mit dem vergessenen Schlüssel. »Und du bist ohne zu tanken wieder nach Hause gekommen? Das ist ja selbst bei sparsamster Fahrweise unmöglich! Das Benzin konnte kaum etwas mehr als für die Hinfahrt gereicht haben«, rechnete er aus. Ich versicherte ihm, nicht getankt zu haben. Daraufhin ging er nochmals in den Hof, schaltete die Zündung ein und sah, daß die Nadel ganz im Aus stand.

Am nächsten Morgen war der erste Weg meines

Mannes der zum Auto, um tanken zu fahren. Aber das Auto war nicht zu starten. Es tat sich absolut nichts. Sogar, als der Ersatzkanister mit fünf Litern Benzin eingegossen war, dauerte es einige Minuten, bis das Benzin durchgelaufen war und der Motor startete. Der Tank war wirklich völlig leer gewesen.

Gott hatte in seiner Liebe das Auto nach Hause gebracht, auch wenn das nach menschlicher Vorstellung nicht möglich war. Ob er dabei das Benzin mehrte oder aber die Maschine nur so wenig verbrauchen ließ wie nie zuvor und nie wieder danach, ist für mich nicht so wichtig. Die Hauptsache besteht für mich in der neuen Erfahrung, daß Jesus Christus derselbe ist – damals bei der Witwe – und heute bei uns.

# Wenn es dem bösen Nachbarn nicht gefällt

*»Segnet, weil ihr dazu berufen seid, den Segen zu erben.« (1. Petrus 3, 9)*

Was heißt Segen überhaupt? Für die meisten Kirchgänger ist es das Zeichen, daß nun der Gottesdienst gleich zu Ende ist. Damit wird man entlassen bis zum nächsten Sonntag.

Der Segen in der Bibel hat eine tiefere Bedeutung. Wir finden ihn an vielen Stellen. Am eindrücklichsten sind wohl die Segenszusagen aus 5. Mose 28, 1–14, wo es heißt: »Gesegnet wirst du sein auf dem Acker . . . gesegnet im Haus . . . gesegnet wird sein die Frucht deines Leibes.« Segen ist also etwas Greifbares, etwas Erfahrbares, hat vermehrende Funktion für etwas, das schon da ist, oder sogar von etwas, das noch gar nicht vorhanden ist.

Das hebräische »Beracha«, steht für Segen. Die Wortwurzel »brk« (segnen, preisen, knien) kommt auch vor bei den Begriffen Knie (»Bäräch«) und Teich (»Berécha«). Knie, da könnte man hineinlegen: Ich erkenne, wer ich vor Gott bin, beuge meine Knie und tue Buße. Ich erkläre vor ihm meinen Bankrott. Auf diese Weise begegnet mir Gott, und ich werde von ihm berührt. Er macht sich mit mir eins. Und wer in dieser Weise von Gott berührt wird, steht im Segen Gottes, ist also ein Gesegneter. Wer aber von Gott gesegnet ist, der wird anderen zum Teich, an dem sie schöpfen und dann selbst eine Gottesbegegnung haben können.

Wie ist so etwas im Alltag erfahrbar? – Durch den Text aus dem 1. Petrusbrief wissen wir, daß wir andere segnen sollen. Und Jesus fordert uns in der Bergpredigt sogar auf, unsere Feinde zu segnen. Dazu muß man nicht in den Krieg ziehen. »Feinde« können sogar mit uns im Hause wohnen und unsere eigenen Nachbarn sein.

Durch unsere vielen Umzüge bedingt konnten wir auf viele Nachbarschaftserfahrungen zurückblicken: freundliche, hilfsbereite, neugierige, distanzierte – und bösartige. Ich hatte dies zuvor nicht für möglich gehalten. Das alte Wort: »Es kann der Frömmste nicht in Frieden leben, wenn es dem bösen Nachbarn nicht gefällt«, gewann einen ganz neuen Sinn für uns.

Da war zum Beispiel ein Mitbewohner, der sich regelmäßig unser Heizöl holte. Eines Tages verriet die Ölspur, die von unserem Tank im Keller bis in seine Wohnung führte, warum unser Tank immer so schnell leer war. Trotz dieses Beweises, mit dem wir ihn konfrontierten, tat er so, als habe er von der ganzen Angelegenheit keine Ahnung. Ab da verschlossen wir unseren Keller mit einem festen Schloß. Dem Nachbarn war jetzt die Gelegenheit zum Stehlen genommen. Aber so einfach ist das nicht immer zu lösen.

Ein anderer Nachbar stahl häufig Holz vom Gelände, das unserem Hauseigentümer, der weiter entfernt wohnte, gehörte. Wir baten den Nachbarn, damit aufzuhören. Aber er wurde nur sehr wütend auf uns. Es kam so weit, daß er vor uns ausspuckte, wenn er uns begegnete. Dabei strömte uns ein solcher Haß entgegen, daß wir uns danach jedes Mal körperlich krank fühlten.

Was sollten wir tun? Den Nachbarn weiter gewähren lassen? Es war ja nicht unser Eigentum. Dennoch war es nicht recht, was geschah! Wir informierten den Besitzer und begannen, für den Nachbarn zu beten. Uns fiel ein, daß Jesus die Seinen auffordert, sogar die Feinde zu segnen. So begannen wir, diesen Nachbarn und seine Frau zu segnen, sooft wir an sie erinnert wurden.

Es kam zu einer eigenartigen Wende. Durch bestimmte Umstände waren diese Nachbarn, ohne daß sie es wollten, anläßlich eines Notfalls auf unsere Hilfe angewiesen. Und die verweigerten wir ihnen natürlich nicht.

Nun fingen sie an, uns wieder zu grüßen. Es entstand sogar ein fast freundschaftliches Verhältnis zueinander. Als wir später umgezogen waren, besuchten sie uns sogar, um uns zu beschenken.

Diese Erfahrung mit dem Segnen hat uns ganz neu motiviert, schwierigen Menschen segnend zu begegnen.

Auch als Ehepaar segnen wir einander. Und wir segnen unsere Kinder. Als ich neulich im Begriff war, unsere Kleine zum Kindergarten zu bringen, legte ich ihr die Hand auf den Kopf und sagte in meinem Herzen: »Herr Jesus, segne mein Kind.« Da die Kleine wußte, daß ich sie gesegnet hatte, zog sie meinen Kopf zu sich, legte mir ihre Hand auf und sagte: »Mami, ich segne dich auch.«

Wieviel könnte sich verändern, wenn Christen es sich zur Gewohnheit machen würden, einander zu segnen!

## 10 000 DM, die zuviel waren ...

*»Der Herr sprach zu Gideon: ›Es sind zuviel der Männer, als daß ich euch den Sieg geben könnte ... ‹«*
*(Richter 7, 2)*

10 000 DM, das ist eine Riesensumme. Aber wenn man ein Haus baut, ist es doch sehr wenig – einfach viel zu wenig. Insgeheim hoffte ich dennoch, daß ich noch das eine oder andere schöne Möbelstück davon würde anschaffen können. Mehr und mehr mußte ich mir diesen Gedanken aus dem Kopf schlagen, da es Notwendigeres gab: da war die Küchenzeile in die neue Wohnsituation einzupassen, unser größer werdender Junge benötigte dringend einen Schrank und ein größeres Bett. Viele andere Dinge kamen dazu. Das Geld wurde also dringend gebraucht. Mein letzter, einziger Wunsch war ein schöner, geräumiger Schreibtisch. Während ich in dieser Weise meinen Gedanken nachhing, merkte ich, wie Gott in meinem Herzen zu reden begann: »Du nimmst dir sehr viel Zeit, um deinen Gedanken über eine schöne Wohnung nachzuhängen. Aber ich möchte, daß dein Herz an mir hängt und du mir ganz vertraust.«

War es wirklich Gott, der zu meinem Herzen sprach? Es war doch ein wenig verrückt, das dringend benötigte Geld wegzugeben. Und Gott hatte keinen Geldmangel. Er konnte jederzeit einem Reicheren diese Botschaft zukommen lassen. Doch wie sehr ich auch versuchte, mich zu wenden, ich wurde diese Gedanken nicht los. Schließlich sprach ich mit meinem

Mann darüber. Er erklärte mir folgendes: »Wenn dies Gottes Stimme war, wird er uns auch zeigen, wohin das Geld gehen soll. Und dann wollen wir es weggeben. Vielleicht haben wir zuviel Geld in Gottes Augen, als daß er uns Gelingen schenken könnte. Möglicherweise wollte er dich aber nur prüfen und dir vor Augen führen, woran dein Herz hängt.«

Ein paar Tage später kam ein lieber Freund zu Besuch. Er war gerade unterwegs nach Rumänien. Nun berichtete er uns von der einmaligen Gelegenheit, dort eine Kirche wieder aufbauen zu dürfen. »Schade«, fügte er hinzu, »daß ich nicht noch mehr helfen kann. Mit 5000 DM kämen wir schon ein gewaltiges Stück voran.«

Das war das Stichwort für uns. So ging das erste Geld nach Rumänien.

Kurze Zeit später erfuhren wir, daß bei lieben Geschwistern, die ganz aus dem Glauben lebten, ihr gesamtes Hab und Gut abgebrannt war. Nun brannte es auch bei uns – aber in unserem Herzen, ihnen die weiteren 5000 DM zukommen zu lassen. Die Frage war nur: Brauchten sie das Geld, oder hatten sie von anderen Freunden schon genug Geld geschenkt bekommen? Wir baten den Herrn Jesus um ein Zeichen. Ich nahm mir vor, sie anzurufen und zu fragen: »Braucht ihr Geld?« Würden sie ganz schlicht antworten: »Ja!«, so wollten wir das Geld absenden. Ich telefonierte – und die Antwort war: »Ja!«

Bei diesem Gespräch erwähnte ich keinen Geldbetrag.

Nachdem ich mit der Frau gesprochen hatte, wurde sie sehr unruhig. Sie wußte, daß wir selbst Geld brauchten wegen des Hausbaus und aufgrund unserer vielen Kinder. Deshalb suchte sie eine Bekannte auf und bat sie: »Sprich doch mit dem Herrn Jesus im Gebet, und laß dir zeigen, ob ich das Geld von dieser Familie nehmen soll oder nicht.« Jene Frau kannte uns nicht und hatte uns auch noch nie gesehen. Doch nachdem sie gebetet hatte, teilte sie ihr folgendes mit: »Du darfst das Geld nehmen, aber nur, wenn es mehr oder weniger als 5000 DM sind. Sind es aber genau 5000 DM, dann schicke es unverzüglich zurück. Denn dann ist es ein Test, mit dem Gott diese Menschen prüfen will. Für euch wird Gott auf andere Weise sorgen.«

Von alldem wußten wir nichts. Inzwischen war das Geld bei unseren Freunden angekommen. Sie wiederum gingen zur Bank, um es uns zurückzusenden. Die Bankangestellte schaute erstaunt auf: »Es geht mich ja nichts an, aber sagen Sie mir bitte, ist mit diesem Geld etwas nicht in Ordnung?« – »Es ist alles in bester Ordnung«, erhielt sie als Auskunft. Sie hätte wohl nicht schlecht gestaunt, wenn sie diese Geschichte erfahren hätte. So hatten wir in kurzer Zeit 5000 DM zurück. Innerhalb von zwei Wochen erhielten wir von einem lieben Menschen weitere 5000 DM geschenkt. Ihm hatte Gott aufs Herz gelegt, uns damit eine Freude zu bereiten.

Auf diese Weise wurde uns erneut bewußt, wie ernst es Gott mit uns Menschen meint. Er will das Wichtigste für unser Leben sein. Und wenn er diesen Platz hat, dann gibt er uns alles andere, das wir brauchen.

Diesem Erlebnis folgten viele weitere. Immer wieder fühlten wir uns beschenkt und beschämt, daß Gott so treu für seine Kinder sorgt.

# Was hat den Vorrang?

*»Und Elia sprach zu ihr: Mache mir davon zuerst ein kleines Gebackenes und bringe es mir heraus. Dir aber und deinem Sohn sollst du hernach etwas machen . . . «*
*(1. Könige 17, 13)*

Als Elia bei der Witwe einkehrte, war das ganze Land von einer Hungersnot heimgesucht. Die Frau hatte gerade Holz gesammelt, um für sich und ihren Sohn den letzten Bissen zuzubereiten, der übrig war. Da tauchte Elia auf und bat darum, als erster von diesem allerletzten Mahl essen zu dürfen. Bei der Betrachtung dieses Tatbestandes kommt uns seine Bitte ungeheuerlich vor, geradezu egoistisch. Und dennoch sehen wir im Nachhinein, daß dieser Schritt für die Frau ihre Rettung bedeutete. Man möchte fast sagen, daß die »Logik« Gottes in vielen Punkten unserem Denken gegenläufig ist, wenn es um seine Sache geht.

Diese Erfahrung machten wir auch während des Hausbaus.

Der Rohbau des Hauses ging zügig voran. Die Eigenleistung, die dabei von uns erforderlich war, erstreckte sich zum großen Teil auf Innenarbeiten, die getätigt werden sollten. Dazu meinten wir auch die Fähigkeiten zu haben. Was uns aber fehlte, war die Zeit dazu. Gerade die Wochen, die wir dringend benötigt hätten, um am Bau zu arbeiten, wurden mehr und mehr belegt durch Menschen, die uns um Hilfe baten. Da waren auseinanderbrechende Ehen, Menschen in Krankheit, und andere, die meinten, an Enttäuschungen zu zerbrechen. Fast immer, wenn ich morgens fertig war, um zur Baustelle zu fahren, läutete das Telefon. Gelegentlich war ich geneigt, es einfach zu ignorieren, weil ich ahnte, daß ich dann nicht mehr fortkam. Und so war es meistens auch. Das Haus sollte fertig werden, aber wir kamen mit den Innenarbeiten in totalen Verzug.

Wir waren in einer inneren Zerreißprobe. Sollten wir einfach für einige Zeit die Seelsorgearbeit vernachlässigen um des Hausbaues willen? Konnte Gott nicht auch durch andere Menschen denen helfen, die meinten, nun gerade uns dazu zu brauchen? Wir beteten sehr um Klarheit. Als Antwort zeigte uns Gott, daß er in unserem Leben immer den ersten Platz haben will. Für alles andere zeigte er sich dann auch verantwortlich. Wie das praktisch aussehen sollte, war uns nicht vorstellbar. Aber wir wollten gehorsam sein.

»Herr«, beteten wir, »bitte schicke nur die Leute, die wirklich Hilfe brauchen und denen wir auch helfen können. Und bitte halte die fern, die uns nur aufhalten. Und wenn es möglich ist, so schicke uns doch bitte auch solche, die uns helfen.«

Vorher hatten wir uns darauf beschränkt, hauptsächlich zu jammern. Aber das hatte wenig geholfen. Nun vertrauten wir dem Herrn unsere Not an. Und er fing an, uns zu helfen. Ich dachte des öfteren an den Vers aus dem Lied »Befiehl du deine Wege«, wo es schließlich heißt: »Mit Sorgen und mit Grämen und mit selbsteigner Pein, läßt Gott sich gar nichts nehmen, es muß erbeten sein.«

Nun brauchte ich nicht mehr innerlich stöhnend das Telefon abzunehmen. Ich wußte, der Herr wollte uns gebrauchen für von ihm ausgesuchte Leute – und das hatte den Vorrang vor jeder anderen Arbeit. Aber ebenso wußte ich: der Herr würde auch auf die Suche gehen nach Menschen, die uns helfen sollten. Und die Helfer kamen. Ein lieber Verwandter tapezierte das ganze obere Stockwerk unter Mithilfe unserer Tochter, die die Tapeten einkleisterte. Ein lieber Freund verkleidete mit unserem Sohn zusammen alle Schrägwände und Decken des oberen Stockwerkes mit Holz. Andere kamen zum Gespräch und halfen anschließend bei Aufräumungsarbeiten oder tapezierten ein Zimmer. Einmal kam ein ganzer Bus voller Leute aus einer Gemeinde, um Fliesen zu legen, zu tapezieren und zu streichen. Und ein Bus junger Menschen bastelte schließlich Vorhangleisten, brachte Lampen an . . .

Auch sonst ließ Gott so manches geschehen, was uns zum Staunen und Danken brachte: Da unser Gelände tiefer als die Straße liegt, mußte einiges aufgefüllt werden. Die Beschaffung des Auffüllmaterials war mit einem größeren Betrag in die Bausumme einbezogen worden. Zu dieser Zeit wurde in unserem Ort im Rahmen einer Straßenerneuerung die ganze Straße aufgerissen. Dieses Material war geradezu optimal für uns. Und für die Straßenarbeiter war der Weg zu unserem Baugrundstück kürzer als zur Deponie.

Nun fehlte noch feiner Sand, der um den Erdtank herum benötigt wurde. Ebenso wollten wir vor dem Haus eine Grünanlage pflanzen, was auf Asphalt und Schotter nicht möglich ist. Woher könnten wir günstigen Sand und Mutterboden bekommen?

Eines Morgens wurde der Sand angeliefert, ohne daß wir gleich wußten, woher er gekommen war. Für andere wäre es ein Zufall gewesen, für uns aber war es der Plan Gottes. So viele Geschehnisse, die Nichtgläubige als Zufall betiteln, kann es gar nicht geben! Oft sind es wunderbare Bewahrungen und Führungen Gottes, die sie nicht erkennen können oder wollen. Sie sind wie eine Perlenkette, auf die er mit liebevoller Hand eine Perle nach der anderen fädelt. Und wer es fassen kann, der freut sich von Herzen daran.

Die Leiterin der Baufirma kam herein. »Ruth«, sagte sie und schaute mich dabei fragend an, »ich habe fast den Eindruck, du hast um Auffüllmaterial gebetet!«

Nun berichtete sie folgendes: »Ich war im Büro unseres Baustoffhandels, als ein Lastzug vor dem Gebäude hielt. Der Fahrer kam herein und ließ mich wissen: ›Ich hatte hier in der Nähe zu tun. Bei größeren Erdarbeiten sollte Baugrund aufgefüllt werden. Aber die Leute hatten sich verkalkuliert. Sie brauchten weit weniger. Eigentlich bin ich umsonst gefahren. Nun wäre es weit günstiger, alles hier irgendwo abzuladen, als vollbeladen zurückzufahren. Haben Sie zufällig eine Verwendung für meine ganze Ladung?‹« – Nur ein paar hundert Meter mußte er weiterfahren, um besten Baugrund bei uns abzuladen – gerade solchen, wie wir ihn brauchten, damit der Tank geschützt war und wir später – mit Muttererde zusammen – einen Vorgarten anlegen konnten. Für uns völlig kostenlos und genau zum richtigen Zeitpunkt! Ihm war geholfen – und uns erst recht.

Neu hatten wir gelernt, der Sache Gottes den ersten Platz einzuräumen. Und Gott hatte dann für uns gesorgt in viel umfassenderer Weise, als wir es gekonnt hätten.

# Wohnungsbesichtigung

*»Komm und sieh!« (Johannes 1, 46)*

»Nachher kommt ein Ehepaar zu mir zum Gespräch«, informierte mich mein Mann. Ich war recht erschrocken darüber; denn in der Wohnung sah es fürchterlich aus. Den ganzen Morgen hatte ich mit den Kindern beim Kinderarzt zugebracht, danach das Essen gekocht – und jetzt Besuch! »Hans-Joachim«, sagte ich etwas verzweifelt, »wie soll das denn gehen?« – »Das ist doch halb so schlimm«, versuchte er mich zu beruhigen, »dieses Ehepaar hat vielleicht auch Kinder, dann werden sie es schon verstehen.« Aber wie könnte einer Hausfrau solch ein Trost weiterhelfen? »Wenn wir doch nicht so beengt wohnen würden!« dachte ich für mich.

Um ins Wohnzimmer zu kommen, mußte man durch die Küche. So versuchte ich in Windeseile, wenigstens dort etwas Ordnung hineinzubekommen. In Ermangelung eines Trockenraumes hing die Wäsche auf einem Ständer vor dem Ofen. Der Tisch war noch nicht abgeräumt ... Da klingelte es auch schon. »Herr, hilf«, betete ich, »daß sich diese Menschen nicht an all dem stören, sondern daß ihnen geholfen werden kann.« Das Ehepaar kam herein – durch den engen Flur und die unaufgeräumte Küche ins Wohnzimmer.

Hans-Joachim sprach intensiv mit ihnen. In der Zwischenzeit ordnete ich die Wäsche, stellte den Ständer weg, räumte den Tisch ab, spülte das Geschirr und hoffte, den Gästen wenigstens beim Hinausgehen das

Gefühl vermitteln zu können, daß dieses Chaos nicht immer bestünde. Ich war sehr froh, daß es ein langes Gespräch war. Erleichtert kehrte ich die letzten Essensreste unter dem Tisch hervor. Ich war glücklich darüber, daß es jetzt einigermaßen ordentlich aussah. Da ging die Tür auf. Das Gespräch war beendet.

»Es ist so gemütlich bei Ihnen«, sagte die Frau und zeigte auf die bemalten Vorhänge. »Das ist noch gar nichts«, antwortete stolz mein Mann. »Meine Frau malt in der ganzen Wohnung alles mögliche an. Wollen Sie es sehen?« Mir stockte der Atem. »Ja, gerne«, begeisterte sich die Frau. Ich versuchte einzulenken: »Es sind nicht einmal die Betten gemacht. Vielleicht sollten wir es auf das nächste Mal verschieben.« – »Aber das macht doch gar nichts«, beschwichtigte sie mich.

Mein Mann ging fröhlich voraus, das Ehepaar hinterher – und ich wäre am liebsten in ein Mauseloch gekrochen. Leider hatte ich nicht die passende Größe dazu. So blieb ich in der Küche und versuchte, Ruhe zu bewahren. Endlich, endlich war die Wohnungsbesichtigung zu Ende. Die beiden zogen ihre Mäntel an.

Wir verabschiedeten uns. »Danke für das gute Gespräch«, äußerte der Mann, als er Hans-Joachim die Hand reichte. »Auch ich bedanke mich herzlich«, fügte die Frau hinzu. Dann griff sie mit beiden Händen nach meiner Hand. »Wie danke ich Ihnen, daß Sie den Mut hatten, mich das alles anschauen zu lassen. Das war die größte Lektion für mich. Wir haben auch vier Kinder. Oft sieht es fürchterlich aus. Dann meine ich, an dem Durcheinander zu verzweifeln. Doch während ich durch Ihre Wohnung ging, wurde mir neu bewußt, daß nicht die Ordnung das Wichtigste ist, sondern daß man sich wohlfühlen muß, um froh zu sein. Unsere Kinder werden sich später sicher nicht daran erinnern, ob es immer sauber bei uns war. Aber sicher werden sie sich an das Gefühl erinnern, geborgen gewesen zu sein. Daran will ich in Zukunft viel mehr denken und mich nicht mehr so sehr von der Arbeit unter Druck setzen lassen. Diese Lektion war für mich noch wichtiger als das ganze Gespräch. Denn genau das war mein Problem.«

So hatte Gott aus meinem Problem eine Hilfe für eines anderen Problem bereitgehalten. Ich mußte daran denken, wie Nathanael gegenüber Philippus geäußert hatte: »Kann auch aus Nazareth etwas Gutes kommen?« Er meinte damit Jesus Christus, von dem ihm Philippus berichtet hatte. Philippus lud ihn daraufhin ein: »Komm und sieh!« –

Auch ich hatte mich gesorgt, wie aus diesem für mich schrecklichen Zustand etwas Gutes herauskommen könnte. Aber der Herr benutzte die Gelegenheit in einer wunderbaren, souveränen Weise.

Komm und sieh! Gott kann sogar ein äußeres Durcheinander benutzen, um in einem Leben Ordnung zu schaffen. Das konnte ich an diesem Tag fröhlich bezeugen.

# Ein Vöglein als Lehrmeister

*»Sehet die Vögel unter dem Himmel an. Sie säen nicht, sie ernten nicht, . . . und euer himmlischer Vater nährt sie doch!« (Matthäus 6, 26)*

»Kommt schon, beeilt euch ein wenig, sonst kommen wir gar nicht fort«, rief ich den Kindern zu. Endlich saßen wir im Auto. Mit sieben unserer Kinder wollte ich in Urlaub fahren. Mein Mann stand winkend draußen. Schweren Herzens entließ er uns. Er wußte, daß es mir gar nicht gut ging. Dazu kam die neue Schwangerschaft. Ich war immerhin schon im fünften Monat. Er bedeutete mir, daß er mir noch etwas sagen wolle. So kurbelte ich die Scheibe herunter. »Paß gut auf unser neues Baby auf«, sagte er etwas besorgt. »Und paß auch gut auf all unsere anderen Schätze auf! Sie gehören schließlich auch mir«, fügte er scherzend hinzu.

Obwohl ich seit längerem erschöpft war, hatte ich mich zu dieser Fahrt entschlossen. Wir wollten zwei Wochen auf dem Michelsberg, einem feinen christlichen Ferienzentrum, verbringen, um dann nach Österreich weiterzureisen, wo liebe Freunde uns ihr Häuschen zur Verfügung gestellt hatten. Wie freute ich mich auf diese Tage – weit weg vom ganzen Betrieb zu Hause. Meine Müdigkeit war sicher nur eine Folge von Überarbeitung. Und so erhoffte ich mir von den Urlaubstagen neuen Schwung. Aber er blieb aus. Statt dessen plagte mich der anfänglich leichte Husten immer mehr. Zwar kamen die Hustenanfälle nur selten, waren dann aber besonders heftig. Durch die Schwangerschaft bedingt, wollte ich keine Medikamente einnehmen.

Als ich mit den Kindern nach vierzehn Tagen die Koffer zum Weiterreisen packen wollte, war ich aus Schwachheit kaum in der Lage dazu. Es war schon ein wenig verrückt, nach Österreich weiterzureisen. Doch ich erhoffte mir nun dort die nötige Erholung. Vielleicht hatte ich nur das rauhe Klima der Schwäbischen Alb nicht vertragen.

Aber auch die Tage in Österreich halfen nichts. Ich schlief sehr viel. Eines Morgens hörte ich, wie eines der Kinder zu einem anderen sagte: »Die Mami hat wohl die Schlafkrankheit. Die schläft ja fast nur noch.« Aber nicht nur die Schlafsucht, auch der Husten nahm immer stärker zu. Ich hustete so stark, daß ich mich manchmal übergeben mußte.

Als wir schließlich unsere Koffer packten, um wieder nach Hause zu fahren, fühlte ich mich abends so schwach, daß es mir kaum gelang, die Stufen ins Schlafzimmer hinaufzugehen. »Kinder«, bat ich sie am nächsten Morgen, »betet mit mir, daß wir unbeschadet nach Hause kommen.«

Vor uns lag eine Strecke von 650 km, und außer mir hatte niemand den Führerschein. Am späten Nachmittag kamen wir ohne Panne und ohne Unfall zu Hause an. Gott hatte in wunderbarer Weise seine Hand über uns gehalten. Ich fuhr noch in den Hof und konnte kaum aussteigen, so schwach war ich. Mein Mann hieß mich willkommen: »Na«, sagte er lachend, »dich muß man nur in Urlaub schicken, schon kommst du krank zurück.« Ich begrüßte ihn mit einem Hustenanfall.

»Dein erster Gang wird wohl zum Arzt sein«, sagte er mit Besorgnis in seiner Stimme. Der Hausarzt schickte mich zum Röntgenfacharzt. Doch man fand nichts. Als die Mattigkeit und der Husten weiter zunahmen, wurde nochmals geröntgt. Man fand die Ursache. Die Diagnose lautete: zentrale Viruspneumonie. Ich sollte ins Krankenhaus eingeliefert werden.

Soviel Schmerz war in mir! Ob das Ungeborene einen Schaden durchs Röntgen bekommen hatte? Und nun sollte ich auch noch die anderen Kinder zu Hause lassen? – Wir erkundigten uns, welche Behandlungsmethode man angesichts der Schwangerschaft anwenden würde. Aber sie lautete nur: Abwarten!

In medizinischen Büchern erfuhren wir mehr über den Verlauf. Eine der Möglichkeiten war: plötzlicher Tod!

»Laß mich zu Hause bleiben!« bat ich meinen Mann. »Dann kann ich wenigstens bei euch sein.« Eine schwierige Zeit begann. Denn ich konnte aus lauter Schwäche kaum Haushalt und Kinder versorgen. Nachdem die Großen morgens aus dem Haus waren, schloß ich mich mit unserer Kleinsten im Schlafzimmer ein. Die Kleine war gerade in dem Alter, das durch den Entdeckerdrang besonders gefährlich ist. Deshalb hatten wir alles, was ihr zur Gefahr werden konnte, aus dem Zimmer genommen. Wenn ich dann immer wieder in einen Schlaf der Erschöpfung fiel, konnte sie so nicht unbemerkt etwas anstellen oder irgendwo hinaufklettern. Auf diese Weise konnte mein Mann wenigstens morgens die dringendsten Arbeiten im Büro erledigen.

Gott weckte mich jeweils rechtzeitig auf, um entstehenden Schaden in Grenzen zu halten. Einmal fand ich die Kleine gerade im Begriff, mit Filzstift die Bettdecke zu bemalen, ein anderes Mal hatte sie eine Schere gefunden und wollte damit das Leintuch durchlöchern.

Es war Sommer. Vor unserem Schlafzimmerfenster sangen und zwitscherten die Vögel ein herrliches Konzert zur Ehre ihres Schöpfers. Aber ich konnte mich nicht mitfreuen. Mein Herz sah alles durch eine dunkle Brille. Wie sollte es denn weitergehen?

Inzwischen war ich so schwach, daß ich nicht einmal mehr aufstehen konnte, um das Mittagessen zuzubereiten. Falls ich stürbe, was sollte aus den Kindern werden? Wie würde mein Mann zurechtkommen? Und das neue Kindlein in mir – müßte es auch sterben?

Während ich diesen trübseligen Gedanken nachhing, kam ein kleiner Vogel durchs offene Fenster gehüpft. Er fing an, auf dem Sims fleißig Krümlein aufzupicken, die ich gar nicht sehen konnte. Von was ernährte er sich überhaupt? Wer sorgte sich denn um ihn? Wußte er überhaupt, ob er morgen noch etwas finden würde? Wie konnte er zuvor, auf dem Baum sitzend, so fröhlich sein kleines Lied pfeifen, wo doch die Zukunft so ungewiß für ihn war? Plötzlich wurde ich daran erinnert, wie Jesus sagt, daß unser Vater im Himmel sich um die Vöglein kümmert. Wenn Gott sich schon um dieses Vöglein, deren es viele gab, kümmerte – wieviel mehr wußte er dann um mich! Um mich, deren Namen er kannte, um deren Not er wußte!

Wieder schüttelte mich ein Hustenanfall. »Ja«, sagte ich danach laut, »und um deren Krankheit und deren Husten er auch weiß!« Laut betete ich nun: »Herr

Jesus, du weißt alle Dinge. Du bist größer als alle Krankheit. Du weißt auch einen Ausweg für mich und für uns alle.«

Um die Mittagszeit klingelte es. Leute aus der Gemeinde hatten von meiner Erkrankung gehört. Sie brachten für uns das Mittagessen. Täglich übernahm es jemand anderes, für uns das Essen vorzubereiten und es zu bringen. Gott mobilisierte Menschen ohne unser Dazutun.

Auch andere hatten von meiner Krankheit gehört. Ein ganzes Putzgeschwader rückte an, um das Haus zu putzen und in Ordnung zu bringen. Wir erfuhren Gottes Durchhilfe so spürbar, daß wir Gott oft laut lobten. Ja, ER, der für die Vögel sorgt, weiß auch um jeden von uns.

Inzwischen sind Jahre vergangen. Die Krankheit heilte aus, und unser kleines Mädchen wurde gesund geboren. Die Lektion, die Gott mich durch den kleinen Vogel lehrte, bleibt in meiner Erinnerung. Ich habe den Text, der damals durch mein Herz ging, auf eine Karte drucken lassen. Und ich wünsche mir, daß dadurch Menschen neu ihren Blick wegwenden von den Schwierigkeiten, hin zu dem, der für uns sorgen will.

»Welche auf ihn sehen, die werden erquickt« Psalm 34, 6

ER SORGT FÜR MICH,
wenn alle Traurigkeiten das Licht mir nehmen,
um den Weg zu sehen.
ER kennt ihn, und ER wird mich führen,
um sicher Schritt für Schritt zu gehen.

ER SORGT FÜR MICH,
wenn klein die Kraft und groß die Schwachheit ist
und ich nicht fühle.
So ist ER dennoch da und hilft,
mich zu erinnern an den Blick zum Ziele.

ER SORGT FÜR MICH,
wenn Menschen um mich her mich schwer bedrücken
und ausweglos die Lage scheint.
So wird ER selbst mich doch mit SEINEN Augen
leiten,
denn ER zählt jede Träne, die geweint.

ER SORGT FÜR MICH,
auch in der Dunkelheit liebt ER mich als SEIN Kind.
Bei IHM bin ich geborgen.
Trotz Schwachheit, Traurigkeit und Not ist ER bei
mir.
Ich geb' das Heute IHM, ER sorgt auch für mein
Morgen.

# Eine Nähmaschine statt einem Esel

*»Der Herr bedarf seiner.« (Matthäus 21, 3)*

Wenn wir den dazugehörenden Text lesen, so entdecken wir, daß hier von einem Esel die Rede ist. Jesus schickt seine Jünger los, um den Esel an einer bestimmten Stelle abzuholen. Sollte sie jemand fragen, warum sie ihn losbinden und mitnehmen, so sollten sie einfach antworten: »Der Herr bedarf seiner.«

Jesus weiß, was wir bedürfen. Und er kennt auch die Orte, wo das ist, was wir brauchen – im rechten Augenblick. Doch es muß nicht unbedingt ein Esel, es kann auch eine Nähmaschine sein.

Gerade hatte ich das Telefon aufgelegt und war in Gedanken versonnen, als mein Mann hereinkam. »Nanu«, sagte er, »warum so nachdenklich?« – »Weißt du, da ist jemand, dem könnten wir eine große Freude bereiten. Doch wir haben das Geld nicht dazu«, antwortete ich etwas traurig. Mein Mann ist ein sehr praktischer Mensch. Bevor er etwas als unmöglich abstempelt, denkt er es durch. »Wer ist es, warum braucht er es, wieviel kostet es?« waren deshalb seine Fragen. »Nun, es ist die liebe Schwester Carisia, die eben zu dieser Anschaffung das Geld nicht hat. Sie hat die Gabe, schöne Dinge auf einer Nähmaschine herzustellen. Und damit könnte sie anderen und damit auch sich selbst große Freude bereiten. Was aber fehlt, ist die Nähmaschine.«

»Laß uns im Katalog nachschauen, was so eine Maschine etwa kosten würde«, sagte mein Mann. Für

349 DM sahen wir dort ein Exemplar, das sogar das Urteil »Gut« der Stiftung Warentest trug. »Die nehmen wir«, beschloß mein Mann. »Und das Geld?« Ich schaute ihn fragend an. »Dafür wird der Herr auch sorgen«, zwinkerte er mir zu.

Nur wenige Tage später hatte die Ordensschwester Geburtstag. Wie gerne hätte ich sie mit der Nähmaschine überrascht! Aber von der Bestellung bis zur Anlieferung dauerte es meist mindestens zwei Wochen. In unserem Dorf gibt es eine kleine Versandhausagentur. Doch dort sind oft nur wenige Dinge vorrätig, am wenigsten eine Nähmaschine. Allerdings kann man dort Bestellungen aufgeben. Ich rief also an. Die Frau nahm die Bestellung entgegen und rief dann erstaunt aus: »So ein Zufall! Genau diese Maschine steht gerade in meinem Geschäft. Sie brauchen nicht zu bestellen, Sie können sie gleich abholen.«

Eines unserer Kinder machte sich sogleich auf den Weg. »Für wen brauchen wir denn eine Nähmaschine?« wollte unser Junge wissen. Ich berichtete. »Ja, wenn das so ist,« sagte er fröhlich, »da kann ich gleich aushelfen. Ich habe zum Geburtstag 50 DM bekommen. Die will ich dazugeben.« – »Nein«, wehrte ich ab, »das kommt überhaupt nicht in Frage.« – »Es ist mein Geld, deshalb darf ich doch wohl darüber bestimmen. Oder? Wenn ich es für etwas anderes ausgeben würde, wärest du ja wohl auch einverstanden«, erwiderte er. Damit hatte er recht.

So kam die Nähmaschine noch am Geburtstag in den Besitz der lieben Ordensfrau. Die Freude war sehr groß auf allen Seiten, auch auf der unseren. Denn Freude, die man gibt, kehrt ins eigene Herz zurück.

Doch Gott wollte uns wieder einmal zeigen, daß er sich nichts schenken läßt, sondern daß wir auch dieses Mal in doppelter Weise Beschenkte sein würden. Innerhalb von zwei Wochen kam eine Überweisung von einer lieben Bekannten: 300 DM. Ich war so erstaunt, daß ich ihr anrief: »Danke, vielen Dank für das viele Geld.« »Tut mit leid, daß ich es jetzt erst schicke«, entschuldigte sie sich. »Es lag schon vor Tagen auf meinem Herzen, dir dies zukommen zu lassen. Genau diesen Betrag sollte ich losschicken, ich weiß auch nicht warum«, fügte sie noch hinzu. »Du hast genau 1 DM zuviel geschickt«, sagte ich lachend, »soll ich den Rest zurücküberweisen?«

»Wieso zuviel?« wollte sie wissen. Ich berichtete ihr. Nun war das Erstaunen auf ihrer Seite. Und nun konnte auch sie sich noch mitfreuen, Gottes Handlanger gewesen zu sein.

# Daumen und Kreissäge

*»Bittet, so wird euch gegeben; suchet, so werdet ihr finden; klopfet an, so wird euch aufgetan.« (Matthäus 7, 7)*

Viele Menschen, Christen wie Nichtchristen, kennen diesen Vers. Er gefällt den meisten sehr gut. Und viele stellen sich vor, daß er uns berechtigt, Gott zum Dienstboten zu machen. Sind Bedürfnisse da, so sollen die Bitten möglichst schnell erhört werden; hat man aber keine Bedürfnisse, so möchte man an Gott nicht erinnert werden.

Wenn Gott keine umgehende Erhörung schenkt, so neigt man dazu, die Wirksamkeit des Gebets in Frage zu stellen. Doch selbst wenn Gott das Erbetene gibt, wird er von vielen schnell wieder vergessen.

Gott will aber nicht nur in notvollen Zeiten unsere Aufmerksamkeit, sondern er möchte der Herr über unser ganzes Leben sein. Und deshalb wird er uns, gerade weil er uns liebt, manches nicht (oder nicht sofort) gewähren – selbst dann nicht, wenn wir meinen, daß wir es unbedingt bräuchten.

Unbeschadet der eben gemachten Einschränkungen dürfen Gotteskinder wissen, daß der Vater im Himmel auf sie acht hat und ihre Gebete gerne und auf wunderbare Weise erhört.

Laut kreischend lief die Kreissäge. Meine Mutter hatte sich an den großen Stapel Abfallholz gemacht, den uns Freunde geschenkt hatten. Das war billiges Winterholz, und wir freuten uns über die Ersparnis.

Für unseren zehnjährigen Jungen bedeuteten die Handreichungen beim Sägen eine Möglichkeit, sein Taschengeld aufzubessern. »Du bleibst aber von der Kreissäge weg!« ermahnte ihn mein Mann eindringlich. »Man muß mit der Maschine erst eine gewisse Erfahrung haben, bevor man selbst sägt. Wenn ich das nächste Mal säge, werde ich dir einiges erklären, worauf man achten muß, um die Gefahr weitgehend zu vermeiden. Heute besteht deine Aufgabe nur darin, Oma alles Holz herbeizuschaffen.« – »Aber, Papa«, entgegnete unser Junge. »Ich bin doch nicht mehr klein, ich weiß schon, wie man das macht!« – »Heute sollst du trotzdem noch die Finger davon lassen«, wiederholte mein Mann mit Nachdruck.

Wir hatten ein Ehepaar zu Besuch, das wegen Eheproblemen zum Gespräch gekommen war.

Von draußen drang das summende Geräusch der Säge herein. Es wurde immer wieder unterbrochen von dem kreischenden Sägegeräusch, wenn ein Holz durchgeschoben wurde. Doch plötzlich kam ein neues Geräusch dazu, das sogar die Lautstärke der Kreissäge übertönte. Es war der entsetzliche Schrei aus dem Munde unseres Jungen. Mein Mann und ich sprangen gleichzeitig von unserem Sessel auf und stürzten ins Freie. Da kam uns unser Junge schon laut schreiend entgegen. Er hielt die Hand nach oben. Der Handschuh war zerfetzt, und das Blut strömte heraus. »Gott, hilf!« schrie er mit schreckensbleichem Gesicht und aufgerissenen Augen.

Ich hatte nicht den Mut, den Handschuh aufzuschneiden, um mir das Ganze anzusehen. So setzten wir den Jungen ins Auto und fuhren direkt zum Arzt.

»Gott, hilf!« schrie er in einem fort. Es war unmöglich zu erfahren, was im einzelnen geschehen war.

Der Arzt schnitt den Handschuh auf. Durch ein Wunder war nur der Daumen betroffen. Aber der sah arg schlimm aus. »Fahren Sie auf dem schnellsten Weg weiter ins Krankenhaus!« ordnete er an, nachdem er einen Verband angelegt hatte, um die stark blutende Wunde zu stillen.

Neben mir saß mein Kind, außer sich vor Schmerzen und Angst. Ich betete laut, einfach immerzu. Denn wer hätte uns helfen können, wenn nicht der Herr! »Bittet, so wird euch gegeben«, ging es durch meinen Kopf. »Herr«, rief ich, »wir sind in großer Not, wir bitten dich, hilf uns!« – »Der Geist vertritt uns mit unaussprechlichem Seufzen«, heißt es in Römer 8, 26. Eingedenk dieser Wahrheit betete ich.

Es waren nur wenige Minuten unserer Fahrt vergangen, als unser Junge mir erstaunt mitteilte: »Mama, es tut gar nicht mehr weh!« Im Krankenhaus wurde der Daumen geröntgt. Er sah von außen sehr schlimm aus. Besonders die Daumenkuppe war überhaupt nicht mehr zu erkennen, der Nagel gespalten. Doch der Herr hatte seine gnädige Hand dazwischen. Der Knochen war nur gering beschädigt. Der Arzt nähte alles wieder irgendwie zusammen. Als er fertig war, riskierte ich einen Blick auf die Wunde. Ein richtiger Daumen würde das wohl nicht mehr werden, dachte ich so bei mir. Aber die Hand war noch da, und wenn auch der Daumen nun nicht so wunderbar aussähe, würde er ihn wahrscheinlich doch wieder benutzen können.

Als wir den Heimweg antraten, war unser Herz voller Dankbarkeit. Unser Kind klagte kaum über

Schmerzen, auch in den folgenden Tagen nicht. Das war ein großes Wunder, weil diese Art von Wunden meist besonders starke Schmerzen verursachen.

Das Ganze heilte so gut zusammen, daß man heute kaum noch sehen kann, wie schlimm der Daumen zugerichtet war. Nur an Länge hat er ein wenig verloren, stellt man fest, wenn man ihn mit dem anderen Daumen vergleicht.

Uns bleibt die Dankbarkeit. »Bittet, so wird euch gegeben!« Das hatten wir buchstäblich erfahren.

# O weia, da muß ich aber nachzählen

*»Ihre Engel sehen allezeit das Angesicht meines Vaters im Himmel«, sagt Jesus über die Kinder . . . (Matthäus 18, 10).*

»Ruth«, sagte Hans-Joachim eines Morgens zu mir, »da ist eine Einladung von einer Bibelschule gekommen. Jemand von Family Life Mission soll einige Unterrichtsstunden über Ehe, Familie und Kommunikation halten. Ich denke, du wärest die geeignete Person dafür.« – »Ich?« antwortete ich fragend, »ausgerechnet ich? Es bereitet mir zwar Freude, über diese Themen zu sprechen, aber was wird aus den Kindern? Ich war noch nie länger als einen halben Tag von ihnen weg. Die Großen kommen sicher zurecht. Aber die Kleinen!«

»Wir werden schon mal drei Tage ohne dich auskommen, du wirst sehen«, beruhigte er mich. »Außerdem ist Elisabeth da und wird für uns sorgen.«

Schweren Herzens sagte ich zu. Der Tag der Abreise kam. Ich packte im oberen Stockwerk meine Kleider zusammen. Die beiden Kleinen spielten nebenan im Zimmer. »Wir gehen jetzt nach unten«, informierte mich die Größere der beiden. »Das dürft ihr gerne«, rief ich zurück. »Aber es ist niemand unten. Papa ist zur Post gefahren.« – »Das macht gar nichts«, antwortete da zu meinem Erstaunen mein sonst so ängstliches Kind. »Wir sind nicht allein. Mein Engel ist ja bei mir.« – »Meiner auch«, echote da unser kleines Mädchen.

»Und dann ist da auch noch einer, der bei dir oben bleibt«, beruhigte mich nun die Größere. »Ach«, fügte sie hinzu, »und der Herr Jesus ist auch noch da!« Sie machte einen Moment Pause. »O weia«, sagte sie dann fröhlich, »da muß ich aber mal nachzählen, wie viele im Haus sind.« Und dann begann sie zu zählen.

Diese Worte meines Kindes schenkten mir im Herzen tiefen Frieden. Ich erkannte, daß ich durch mein Zuhausebleiben keines von ihnen bewahren konnte. Das durfte ich getrost den anderen, die zu Hause blieben, und den Engeln, die Gott meinen Kindern zur Seite gestellt hatte, überlassen.

# Aufstehen!

*»Steig eilends vom Baum herab!« (Lukas 19, 5)*

Dieses Wort sagte Jesus zu Zachäus, der auf den Baum gestiegen war, um ihn zu sehen. Jesus fordert Zachäus auf, sich zu beeilen. Er wußte: Wenn erst der Denkapparat anfangen würde mit allem Wenn und Aber, dann würde Zachäus möglicherweise gar nicht mehr vom Baum herunterkommen wollen.

»Was die Leute wohl denken, wenn ich so ungelenk vom Baum steige?« – »Was Jesus wohl von mir will?« – »Und wenn er entdeckt, wieviel ich mit meiner Unehrlichkeit erworben habe?« – »Steig eilends herab«, das sagt Jesus, weil er etwas mit Zachäus vorhat.

Es war früh am Morgen, etwa 6 Uhr. Als ich auf die Uhr geschaut hatte, war ich sehr froh, daß ich mich nochmals für eine halbe Stunde auf die Seite legen durfte. Ich war noch so müde! Doch in meinem Herzen hieß es: »Steh eilends auf!« Hörte ich richtig? Warum sollte ich aufstehen? Es war doch gar kein Grund vorhanden! Der Tag würde noch lang genug sein!

Doch die Stimme in mir war so laut, daß ich gar nicht richtig nachdenken konnte. »Steh eilends auf!« hieß es immer wieder. Es blieb mir keine Wahl. Ich stand auf, kleidete mich an und ging nach unten in die Wohnung.

Gerade wollte ich meine Bibel aufschlagen, als das Telefon läutete. Wer wollte denn um diese Uhrzeit etwas von uns? Und außerdem, es war doch unverschämt, jetzt anzurufen. Oder hatte sich jemand nur verwählt? Wenn die Kleinen aufwachten?! Sie hatten in dieser Nacht bei uns im Schlafzimmer geschlafen, und unser zweiter Telefonapparat stand im Schlafzimmer und klingelte mit!

All dies ging durch meinen Kopf, während ich zum Telefon eilte. Als ich den Hörer abnahm, meldete sich schon eine Stimme: »Ist dort Frau Heil?« Ich bejahte. »Ich bin so verzweifelt«, redete die Anruferin weiter. Und dann schüttete sie ihr Herz aus und ihr ganzes Elend, das sie in dieser frühen Morgenstunde mit Macht so richtig »überfallen« hatte, so daß sie gar nicht mehr leben wollte.

Wir konnten ungestört miteinander reden, weil die Kinder schliefen. Keines war durch das Telefon wachgeworden, und dadurch, daß ich mich in einem anderen Stockwerk befand, wurde auch niemand durch mich gestört.

Diese Frau bereinigte ihr Leben vor Gott. Sie faßte Vertrauen darin, daß Gott ihren Weg kannte und deshalb auch einen Ausweg aus ihrer Not wußte. Wir beteten noch miteinander.

Ich hatte gerade den Hörer aufgelegt, als die ersten Kinder herunterkamen, um sich für die Schule fertig zu machen. Gott hatte wunderbar geplant.

Wie danke ich dem Herrn, daß er mich nicht jeden Morgen mit solch einem Ruf weckt! Aber wie sehr danke ich ihm auch, daß ein einzelner Mensch ihm so am Herzen liegt, daß er einen anderen aufweckt, um dem einen zu helfen!

Wir sind für ihn eben nicht eine unüberschaubare Masse von fast vier Milliarden Menschen, sondern als einzelne ihm wertvoll, von ihm geliebt.

## Liebt Gott mich persönlich?

*»Und ich habe dich lieb, spricht der Herr.« (Jesaja 43, 4)*

»Du, Mama, mir ist gar nicht gut«, sagte eine unserer Töchter zu mir, »kann ich heute zu Hause bleiben?« – »Sicher«, antwortete ich, »wenn dir jetzt schon nicht gut ist und du noch die 20 km im Schulbus fahren mußt, wird es sicher nicht besser.«

Zwei Stunden waren vergangen. Unsere Tochter kam in die Küche und erklärte mir: »Es geht mir jetzt viel besser, und ich denke, ich sollte doch noch zur Schule, sonst versäume ich zuviel.«

Ich freute mich zwar, daß sie zur Schule wollte, aber gleichzeitig bedeutete das für mich 40 km Autofahrt und Zeitverlust in meiner Tagesplanung. Um diese Zeit fuhr nämlich kein Bus in die Stadt, in der sich die Schule befindet. Es fiel mir nicht leicht, ihr zuzusagen. – Ich gab meinem Mann im Büro Bescheid. »Wenn du schon dorthin fährst, und dir das alles schwerfällt, dann bereite doch jemandem dabei eine Freude. Wir haben so lange nichts mehr von Frau C. gehört. Sie freut sich sicher, wenn du mal kurz bei ihr vorbeischaust«, sagte er.

Ich brachte meine Tochter zur Schule. Danach fuhr ich zum Blumengeschäft und kaufte eine Rose. Und weiter ging es zu Frau C. Als ich sie begrüßte, kamen Tränen in ihre Augen. »Du?« fragte sie ungläubig, »ausgerechnet du kommst vorbei?« Ich bekam richtige Schuldgefühle, daß ich so lange nicht nach ihr geschaut hatte. Das Leben war einfach so anstrengend gewesen.

»Bitte verzeih' mir«, stammelte ich, »es tut mir wirklich leid, daß ich so lange nicht da war.« – »Ach nein«, wehrte sie ab, »ich weiß doch, wie beschäftigt du bist. Das ist es nicht. Es ist nur . . . . Hast du ein wenig Zeit? Komm doch herein, ich muß dir unbedingt erzählen, warum mich dein Besuch so frohmacht.« Wir setzten uns auf die Couch, und sie begann zu berichten: »In der letzten Zeit ging es mir nicht gut. Oft hatte ich Probleme mit meiner Arbeitsstelle und auch mit meinen Kollegen. Ich war ungehalten zu den anderen und konnte mich deshalb selbst nicht leiden. Es war mir alles zuviel. Sowohl die körperliche als auch die nervliche Anspannung gaben mir ständig das Gefühl, überfordert zu sein. So stehe ich seit Wochen meist schon mit Kopfweh auf und habe Angst vor dem Tag, bevor er überhaupt richtig begonnen hat. Wenn ich dann ungehalten zu den anderen war, plagen mich die schlimmsten Schuldgefühle, weil ich doch Christ sein will. So oft habe ich den Herrn Jesus schon darum gebeten, daß er mir einen sanften Geist geben möge, damit ich Geduld mit den anderen haben kann. Wenn ich dann wieder versagt habe, fühle ich mich entsetzlich elend und meine, er könne mir gar nicht mehr vergeben. So ging es mir auch heute morgen. Ich fühlte mich so alleingelassen, so unwürdig. Ich meinte, Gott könnte mich sicher nicht mehr annehmen oder lieben. In meiner Verzweiflung betete ich: ›Herr, wenn du mich trotzdem noch liebhast, schick mir doch einen lieben Menschen vorbei. Schick mir die Ruth.‹ Eigentlich war es eine fast unmögliche Bitte. Ich wußte das auch. Denn wir haben uns ja seit Wochen nicht mehr gesehen, und es gab auch keinen Anlaß, warum wir uns treffen sollten. Ach Ruthchen«, sagte sie dann mit bewegter Stimme, »er hat mich trotzdem lieb!«

Wahrhaftig, er selbst, der Vater, hat uns lieb (Johannes 16, 27). Und je mehr uns unser Versagen leid tut, um so mehr hat er uns lieb. Gerade wenn wir vor uns selbst nicht bestehen können, brauchen wir am meisten seine Liebe. Statt uns noch Vorhaltungen zu machen oder uns zu drohen, nimmt er uns in seine Arme und läßt uns wissen: »Du bist mein geliebtes Kind, niemand darf dich aus meiner Hand reißen, nicht einmal dein Versagen!«

Ja, ich habe dich lieb, spricht der Herr!

# Wirf mich ins Wasser!

*Jesus sagte: »Was ich tue, das könnt ihr jetzt nicht verstehen.« (Johannes 13, 7)*

»Fahrt aber rechtzeitig ab!« ermahnte mich Sonja noch einmal am Telefon. »Ich habe die Referenten immer lieber schon einen Abend vorher hier. Immerhin erwarten wir mehr als 200 Frauen zum Frauenfrühstück, und ich fühle mich weder berufen noch fähig, zu so vielen Frauen zu sprechen.« Ich beruhigte sie und versprach ihr, mich schon morgens sehr früh auf den Weg zu machen.

Der Abendhimmel mit all seinen leuchtenden Sternen war hell und klar. Zwar war es schon Mitte November, aber es gab keinerlei Anzeichen für vereiste Straßen. Am nächsten Morgen klingelte früh mein Wecker. Draußen war es noch dunkel. Als ich zum Fenster trat, traute ich meinen Augen kaum. Über der ganzen Landschaft breitete sich eine dicke, weiße Schneedecke aus. Und es schneite immer noch. In aller Eile packten Elisabeth und ich die Sachen zusammen. Wir versuchten, noch eher als geplant aus dem Haus zu kommen. So könnten wir sicher sein, daß wir trotz Wartezeiten auf den Straßen noch rechtzeitig ankommen würden.

Zwei der kleineren Kinder hatten wir dabei, als wir uns auf den Weg machten. Wir kamen auch ganz gut voran. Doch als wir schließlich auf der Bundesstraße waren, stockte der Verkehr. Nach einigen hundert Metern lief nichts mehr. Wir standen eine halbe Stunde, schließlich eine Stunde lang auf demselben Platz. Irgendwann mußte es doch weitergehen! Selbst ein Verkehrsunfall konnte doch nicht länger die Straße blockieren! Aber es tat sich immer noch nichts. Ich ging zu Fuß zur nächsten Tankstelle und telefonierte. Dabei erreichte ich Sonjas Ehemann. »Hans«, sagte ich bedrückt, »wahrscheinlich haben wir keine Chance mehr, rechtzeitig anzukommen. Bitte informiere deine Frau!« – »Wo in aller Welt sollen wir denn so kurzfristig eine Referentin herbekommen?« war seine Antwort.

Unseren Kindern war es inzwischen kalt geworden. Wir stellten immer wieder den Motor an, um die Heizung in Gang zu bringen. Aber dies taten wahrscheinlich die anderen Autofahrer auch. Die Luft war voller Abgase. Und dies verursachte bei unseren Kindern einen massiven Brechreiz. Inzwischen war meine Jacke voll mit Erbrochenem und mein Rock schon durchweicht.

Eineinhalb Stunden vergingen, bis endlich der Verkehr zähflüssig weiterging. Für weitere 15 Kilometer brauchten wir mehr als 30 Minuten.

Nun war es zwecklos geworden, weiterzufahren; denn das Frauenfrühstückstreffen hatte schon begonnen, und wir waren noch lange nicht am Ziel. Deshalb kehrten wir um. Nach mehr als fünf Stunden Fahrt und nur 60 Kilometern Fahrtstrecke kamen wir wieder zu Hause an.

Warum hatte Gott das zugelassen? Waren all die Frauen nun umsonst gekommen? Wäre es für Gott nicht geradezu eine Kleinigkeit gewesen, für uns die Straße freizumachen? Auch hatte ich Sonja, die sowieso schon vorher in Sorge war, ob ich rechtzeitig kommen würde, im Stich gelassen! Es tat mir alles so leid. »Warum, Herr?« fragte ich immer wieder. Hatte in diesem Dilemma der Verkehrsverhältnisse Gott auch einen Plan?

Solche Fragen stellt sich jeder von uns irgendwann im Lauf des Lebens. Gewiß bekommen wir auf viele dieser Fragen keine Antwort, obwohl Gott einen Sinn darin sah und etwas bezwecken wollte.

Doch dieses Mal durfte ich die Absicht Gottes erfahren.

Am Nachmittag telefonierte ich mit Sonja. Sie berichtete mir folgendes: »Viele der Frauen konnten nicht kommen, weil der Straßenzustand überall miserabel war. Trotzdem waren bedeutend mehr gekommen, als wir erwartet hatten. Als du nicht zur Festhalle kamst, telefonierte ich nach Hause, um zu hören, ob du dich gemeldet hättest. Mein Mann berichtete mir, daß du es ziemlich sicher nicht schaffen würdest, noch rechtzeitig zu kommen. Ich war schockiert. Nun war genau das eingetreten, wovor ich mich gefürchtet hatte: Ich mußte als Referentin einspringen. – Und dazu war ich völlig unvorbereitet. Mir zitterten die Knie, als ich nach Hause fuhr, um ein paar Unterlagen zusammenzusuchen. Dann kam mein Referat. Gott gab mir seine Kraft. Viele Frauen bedankten sich hinterher bei mir. Aber ich weiß, daß nicht ich es war, die gut redete, sondern daß Gott mir die Worte gab, mitten in meine Unfähigkeit hinein. – Ruth, ich muß dir noch etwas verraten: Stell dir vor, als wir vor einiger Zeit in einem Gebetskreis waren, zeigte mir Gott, daß ich vor vielen Menschen reden soll. Ich war aber nicht dazu bereit.

Ich ließ ihn vielmehr in meinem Herzen wissen: ›Herr, wenn du das von mir verlangst, mußt du mich schon ins kalte Wasser werfen.‹ Ja, eigentlich hat Gott mich ja nur gemäß meiner Bitte erhört. Deshalb durftest du wohl heute auch nicht ankommen.«

Gott hatte also meine Verhinderung gebraucht, um seinen Plan auszuführen.

# Gelächter vom Abgrund

*»Er hat seinen Engeln befohlen über dir, daß sie dich auf Händen tragen.« (Psalm 91, 11)*

»Ade, ihr Schätze«, rief ich meinen Kindern nach, »und habt eine ganz schöne Zeit!«

Mit Schlafsack und Zelt bepackt, stiegen sie bei unseren Freunden ins Auto. Ein ganzes Wochenende voller Abenteuer, Singen und Beschäftigung mit Gottes Wort stand ihnen bevor. Und dazu trafen sie alte Freunde und lernten neue kennen, mit denen sie ihre Freude teilen wollten.

Es wurde eine schöne Zeit. Als ich sie am Sonntagnachmittag abholte, waren sie randvoll mit frohen Erlebnissen. »Da wir merkten, daß die anderen fest schliefen, bauten wir über ihnen das ganze Zelt ab, ohne daß einer es merkte. Das war eine Gaudi! Irgendwann nachts gab es dann ein großes Geschrei. Wir wußten natürlich, was passiert war, und lachten uns fast kaputt. Und die hörten an unserem Gelächter, daß wir es gewesen sein mußten. Die Revanche kam! Als Ingo am Morgen aufstand, krachte das Zelt über uns zusammen, und wir lagen strampelnd darunter! Jetzt hatten natürlich die anderen etwas zu lachen!« Unser Junge prustete wieder los, als er an das Geschehen dachte. »Mann, war das lustig!«

Eigenartig, dachte ich, sonst erzählt unsere Tochter doch auch sehr lebhaft. Aber heute unterbrach sie ihren Bruder gar nicht. Auch der übliche Streit fehlte, wer was und wann zuerst erzählen durfte.

»Wie ist es dir ergangen?« Fragend schaute ich meine Tochter an. »Och«, antwortete sie, »ganz gut. Ja, eigentlich war es ganz schön.« So kannte ich sie gar nicht. Aber offensichtlich mochte sie nicht reden, während ihr Bruder dabei war. Sie ging auf ihr Zimmer. Einige Minuten später folgte ich ihr. Ich fand sie weinend im Bett liegen. Was wohl vorgefallen war? Ich nahm sie in meine Arme und hielt sie fest. Sie schluchzte ununterbrochen. Wie konnte ich ihr helfen? Ich wußte, daß ich nun Geduld haben mußte, bis sie selbst anfing zu berichten. Erst im Lauf der nächsten Tage erfuhr ich die zusammenhängende Geschichte: Sie waren auf einem Zeltplatz in der Nähe eines Freizeitzentrums untergebracht gewesen. Dort hatten sie die Möglichkeit, sich zu waschen, aber auch Tischtennis zu spielen. Es war spät abends und schon dunkel, als einige beschlossen, noch eine Runde Tischtennis zu spielen. Dazu mußte man durch die Dunkelheit zum Haus zurückgehen. Sie war auch mit dabei. Beim Vorplatz des Hauses gab es ein Geländer, hinter dem sich ein drei Meter tiefer Felsgraben mit spitzen Steinen auftat. Die Kinder standen vor dem Haus beieinander und neckten einander. Unsere Tochter lehnte sich gegen das Geländer. Da brach es durch! Mit den Händen versuchte sie, die Wand des Hauses zu erfassen, rutschte aber ab. Plötzlich spürte sie etwas in den Händen und hielt es mit aller Kraft fest. Ihr Sturz wurde aufgehalten. Mit den Schuhen berührte sie zwar noch den Rand der befestigten Platte, der restliche Körper aber hing über dem Abgrund – ihre Hände an einem Elektrokabel, das sich aus der Verankerung gelöst hatte! Langsam zogen die anderen sie zurück.

Gott hatte sie auf wunderbare Weise bewahrt. Vielleicht war es ein Engel, der ihr dieses Kabel gereicht hatte, das sie vor dem Sturz in die Tiefe bewahrt hatte.

Daß aber der Teufel sich an solchem Unglück freut, beschäftigte meine Tochter am meisten. »Als ich im Begriff war zu fallen und ein großer Schreck in mich fuhr, hörte ich ein höhnisches Lachen«, berichtete sie mir erschüttert.

Der Feind griff wohl nach ihrem Leben, aber durfte es nicht auslöschen, auch wenn er sich mit Hohngelächter bemerkbar gemacht hatte. Welch eine Gnade, daß der Herr seine Engel schickte, um unserem Kind zu helfen!

# Gott weiß, wo der Kuchen ist

*Jesus sagt: »Darum sollt ihr nicht sorgen und sagen: was werden wir essen, was werden wir trinken, womit werden wir uns kleiden? . . .« (Matthäus 6, 31)*

»Du denkst doch noch daran?!« informierte mich mein Mann. »Heute kommen unsere Freunde mit ihren fünf Kindern zu Besuch. Sie werden schon zum Mittagessen dasein.« – »Das habe ich ja völlig vergessen«, erwiderte ich voller Schreck.

Wie sollte ich alles bewältigen? Es war schon gleich elf Uhr, kein Kuchen gebacken, kein Essen vorbereitet, nichts eingekauft. Dazu mußte ein Kind von der Schule abgeholt werden und ein anderes vom Kindergarten. »Herr, hilf«, betete ich. Da fiel mir der gestrige Tag ein: »Wunderbar«, kam es mir zum Bewußtsein, »Problem Nummer eins ist schon erledigt.« Am Abend zuvor hatte ich meine Tochter zu Bekannten gebracht. Unsere kleineren Kinder waren mitgefahren. Wir hatten auf dem nahegelegenen Spielplatz noch ein wenig Zeit miteinander verbracht.

Erst kurze Zeit hatten wir dort verbracht, als die Tochter unserer Bekannten uns nacheilte. »Kommt bitte nochmals kurz vorbei, bevor ihr euch wieder auf den Heimweg macht«, richtete sie uns aus. Ihre Mutter hatte uns inzwischen jede Menge bestes Fleisch, fix und fertig zubereitet, gerichtet. Sie waren auf einer Hochzeit gewesen und hatten dies anschließend mitbekommen. »Aber das ist ja viel zuviel für uns«, hatte ich abgewehrt. »Ihr werdet es schon brauchen können«,

87

hatte sie gemeint und es eingepackt. – Das Fleisch hatte ich also schon. Es fehlte nur noch der Kuchen.

Aber inzwischen war es Zeit, unsere Kinder abzuholen. Ich wollte dies gleich mit dem Einkauf verbinden. Die Kinder hatte ich schon eingesammelt und suchte nun noch, was fehlte, im Lebensmittelgeschäft zusammen. An der Kasse saß die Ladeninhaberin. »Gut, daß du gerade da bist, Ruth«, sprach sie mich an. »Ich habe heute morgen schon an dich gedacht. Warte gerade einen Moment, denn ich habe etwas für dich.« Und was brachte sie? Vor meinen immer größer werdenden Augen breitete sie jede Menge Kuchen aus. Da gab es Streuselkuchen und Käsekuchen. Sogar ein Kiwikuchen war dabei. »Leider ist das Datum schon abgelaufen, und ich kann ihn nicht mehr verkaufen. Doch er ist noch einwandfrei. Ich denke, du kannst schon etwas damit anfangen«, fügte sie hinzu. Und ob ich konnte!

Fröhlich erzählte ich ihr, daß Gott mir den Kuchen gerade im rechten Moment schickte.

Zwar konnte ich bei unseren Gästen nicht mit selbstgebackenem Kuchen aufwarten und das zarte Fleisch auch nicht meinen eigenen Kochkünsten zuschreiben. Aber es war alles da, was wir brauchten, und ich war bei der Zubereitung nicht einmal in Hektik gekommen!

Wie treu ist unser Vater im Himmel, daß er trotz meiner Vergeßlichkeit uns den Tisch so reich deckte!

## Der Papagei in der Stadthalle

*»Der Meister ist da und ruft dich!«* (Johannes 11, 28)

Ein fertig geschriebenes Buch ist mit einer Geburt vergleichbar. Lange hat man die Gedanken in sich getragen, schließlich niedergeschrieben, mehrfach überarbeitet – und schließlich hält man das Buch in den Händen. Ein frohmachendes Gefühl.

Gerade war mein Buch »Der lange Weg zum großen Glück« erschienen. Es erzählt die Lebensgeschichte von zwei jungen Menschen, denen Gott auf ganz besondere Weise begegnet war. Ich freute mich sehr an diesem Lebenszeugnis, das widerspiegelt, wie sehr Gott Menschen nachgeht, bis sie sich finden lassen.

Aber nicht nur ich freute mich an dem Buch, sondern auch besonders meine Freundin Elisabeth. »Ich werde darum bitten, daß es bei der bevorstehenden Evangelisation in der Stadthalle mit auf dem Büchertisch liegt«, beschloß sie.

Mit Bärbel Wilde begannen die Evangelisationstage in der Stadthalle. Viele Menschen kamen. An einem der Abende lud ich meine Mutter dazu ein, und wir fuhren auch hin. Die Halle war schon voll besetzt. Am Eingang stand links ein großer Büchertisch. Da immer noch Menschen kamen, wurden nun auch direkt vor den Büchertisch zusätzlich Klappstühle aufgestellt. Wir nahmen Platz. Vor uns saß eine gutaussehende Frau. In ihren blonden Haaren steckte als Schmuck ein bunter Papagei. Sie saß direkt neben dem Büchertisch und griff nun nach einem der vielen Bücher, die

89

auslagen. Aber ich bemerkte, daß sie ausgerechnet eines »meiner« Bücher in der Hand hielt: »Der lange Weg zum großen Glück«. Sie blätterte ein wenig darin herum und legte es wieder zurück. Ob sie auch auf der Suche nach Glück war? Ich sprach sie an: »Kennen Sie dieses Buch?« Sie drehte sich zu mir um und verneinte. »Ich bin die Autorin«, sagte ich ihr. »Darf ich es Ihnen schenken?« Sie lachte mich freundlich an: »Ja, warum eigentlich nicht?« Nun schrieb ich ihr als Widmung auf die Innenseite »Jesus ruft Sie« und händigte es ihr aus.

Die Veranstaltung war zu Ende. Schnell wurden die Stühle zusammengeklappt, um Platz zu schaffen vor dem Büchertisch. Ich verlor die Frau aus den Augen.

»Ach, du bist auch da«, begrüßte mich eine Bekannte fröhlich. »Schön, daß ich dich auf diese Weise einmal wiedersehe. Da kann ich dich gleich mal mit jemandem bekannt machen.« Sie rief eine junge Frau herbei. Zu meinem Erstaunen war es eben jene Frau, die vor mir auf dem Stuhl gesessen hatte.

Ich lud die beiden zu mir ein. Und einige Tage später saßen wir bei uns im Wohnzimmer. »Wissen Sie«, sagte die Frau, »das, was Sie mir ins Buch geschrieben haben, ist mir sehr nachgegangen. Schon vor Jahren habe ich den Ruf Jesu gehört und nicht darauf geantwortet. Jetzt habe ich deutlich gespürt, daß er mich wieder ruft. Und dann schenkten Sie mir das Buch mit der Widmung: ›Jesus ruft Sie‹. Ich will ihm jetzt endlich antworten: ›Ja, Herr, hier bin ich.‹« Sie übergab Jesus ihr Leben und ist jetzt ein fröhliches Gotteskind. Ihre Glaubensfreude ist so groß, daß sie es nun als Aufgabe ansieht, auch im Kindergarten, den sie leitet, diese Botschaft von der Liebe Gottes weiterzusagen.

# Streit ums Ehebett

*»Ihr Frauen, ordnet euch euren Männern unter!«*
*(Epheser 5, 22)*

Welch ein Wort in unserer Zeit! Ist das nicht altmodisch, von gestern, abgestimmt auf die Dominanz des Mannes? Und ist man dann als Frau nur noch Befehlsempfänger? Es ist eigenartig, wie viele Männer, christliche wie nichtchristliche, diesen Vers kennen. Dabei ist diese Botschaft gar nicht an die Adresse der Männer gerichtet. Theoretisch könnten sie diesen Vers überlesen, denn es heißt: »Ihr Frauen!« Es steht nichts davon da, daß die Männer darauf achten sollen, daß die Frauen dies auch befolgen. Einzig und allein die gläubige Frau wird hier angesprochen.

An die Adresse des Mannes ist gerichtet – und zwar dreimal im gleichen Text – daß er seine Frau lieben soll! (Epheser 5, 25. 28. 33). Gerade diese Liebe würden so viele Frauen gerne einfordern. Aber auch sie ist die freie Gabe ihres Mannes, zu der Gott ihn allerdings auffordert. Nun ist das Großartige an dem Ganzen, daß jeder um so mehr vom Ehepartner empfängt, als er selbst bereit ist, seine gottgewollte Rolle in der Partnerschaft einzunehmen.

Unterordnung liegt uns Frauen selten. Mir persönlich mit meinem Riesentemperament und Ideenreichtum fällt sie vielleicht besonders schwer. Für mich heißt Unterordnung eben auch, zu warten, bis mein Mann eine Sache durchdacht hat. Und das dauert mir meist zu lange.

»Schatz«, sagte ich eines Morgens zu meinem Mann, »dieses Ehebett ist einfach schrecklich. 23 Jahre liegen wir schon darin. Es hat mit den Nachttischen zusammen schon viele Umzüge überstanden. Der große Schrank ist nun beim letzten Umzug zusammengebrochen und durch einen geschenkten ersetzt worden. Nichts paßt mehr zusammen. Und am Bett löst sich das Furnier ab. Laß uns wenigstens ein schönes, neues Bett kaufen. Matratze und Rahmen können wir ja ohne weiteres wiederverwenden.«

Mein Mann schaute sich das Bett nun genau von allen Seiten an. »Zugegeben, besonders schön sieht es nicht aus«, kommentierte er. »Aber da gibt es trotzdem einiges zu bedenken: Es ist äußerst stabil. Bis heute hat es uns ausgehalten! Und außerdem sehen wir es doch nur selten, weil man ein Schlafzimmer hauptsächlich nachts benutzt. Und dann ist es dunkel, und man schläft.«

So viel hatte ich in den 23 Jahren unserer Ehe gelernt, daß an den logischen Argumenten meines Mannes selten ein Weg vorbeiführt. Aber: »Seid klug wie die Schlangen und ohne Falsch wie die Tauben!« (Matthäus 10,16) dachte ich. Mein Geburtstag stand vor der Tür. Jedem, der mich nach einem Wunsch fragte, gab ich bereitwillig Auskunft: »Ich hätte so gerne ein neues Bett!« Ob meine Freunde und Verwandten die Notwendigkeit mehr einsahen als mein Mann? Und sie wußten doch nicht einmal, wie mein altes Bett aussah!

Ich wurde so beschenkt mit Geld, daß ich beschämt darüber war, zuvor auf diese Weise meinen Wunsch geäußert zu haben. Es war genug, um ein wirklich schönes Bettgestell zu kaufen.

»Mann«, sagte ich voller Beglückung am Abend zu ihm, »das ist einfach toll. Nun kann ich mir doch das Bett kaufen, und dich kostet es keinen Pfennig.« »Aber«, sagte er fast vorwurfsvoll, »es ist doch nicht so, daß ich dir das Bett nicht gegönnt hätte. Ich sehe nur einfach nicht die Notwendigkeit ein. Und daran hat sich doch überhaupt nichts geändert!« – »Aber ich hab' doch das Geld dafür«, antwortete ich enttäuscht. »Darf ich damit denn nicht machen, was ich will?« »Doch, natürlich«, lenkte er ein, »nur ein neues Bett brauchen wir nicht.«

Da war guter Rat teuer. Sollte ich nun einfach ein Bett bestellen, ohne ihn zu fragen? Oder sollte ich es bleiben lassen? Ich dachte seufzend an jenes Wort aus dem Epheserbrief: »Ihr Frauen, ordnet euch euren Männern unter.« Wie oft hatte ich Gott schon gebeten, mir dabei zu helfen, fröhlich auf die Gedankengänge meines Mannes einzugehen! Und ich hatte dabei immer nur gewonnen. Aber dieses Mal? Wieso konnte mein Mann nicht verstehen, daß ich das Bett wollte?

»Herr«, betete ich, »es gibt nur zwei Möglichkeiten. Entweder setze ich meinen Wunsch durch. Dann leben wir als Ehepaar in Mißstimmung. Oder ich vertraue dir, daß du das regelst. Du kannst meinem Mann vermitteln, wie sehr mir das Bett am Herzen liegt. Dann wird er auf meinen Wunsch eingehen. Oder aber – und das fällt mir weit schwerer – du bist auch der Meinung, daß ich das Bett gar nicht brauche. Und daß für mich eher mal wieder ›dran‹ ist, daß ich eine Lektion in Geduld lerne. Dann ist das weit wichtiger für mein Leben als das schönste Bett.«

Der Kampf war noch nicht ganz ausgestanden. Aber

als die Wochen dahingingen, kam ein großer Friede in mein Herz. Das Bett verlor seinen Stellenwert in meiner Gedankenwelt. Ja, ich hatte sogar den Eindruck, daß wir es wirklich nicht brauchten!

Eines Morgens kam der Schreiner ins Haus. Ich hatte ihn gebeten, in einen alten Schrank ein paar weitere Fächer einzupassen. Er war gerade dabei, wieder das Haus zu verlassen, als mein Mann ihn bat, noch einmal zurückzukommen. »Du wolltest doch ein neues Bett«, sprach er mich an. »Nun ist die Gelegenheit gekommen. Sag dem Schreiner doch, wie du es genau haben willst!« Ich starrte meinen Mann ungläubig an: »Meinst du das wirklich?« – »Ja«, sagte er und zwinkerte mir fröhlich mit den Augen zu.

Ich erinnerte mich daran, daß ich mir Wochen zuvor aus einer Zeitung den Werbeprospekt einer Möbelfirma aufgehoben hatte. Den suchte ich und gab ihn dem Schreiner in die Hand. »So ähnlich könnte ich es mir vorstellen«, erklärte ich ihm. »Können Sie so etwas herstellen?« – »Mal sehen, was sich machen läßt«, gab er zur Antwort.

Nur wenige Tage vergingen. Da kam ein Anruf von einer Möbelfirma, die mehr als eine Autostunde von uns entfernt ist. Ein mir unbekannter Mann vergewisserte sich, ob ich Frau Heil sei. Dann begann er: »Ein Schreiner aus Schönau hatte bei uns zu tun. Er zeigte mir einen alten Prospekt und fragte nach einem bestimmten Bett, an dem Sie Interesse hätten. Außerdem berichtete er mir, Sie hätten zehn Kinder. Stimmt das?« Ich bejahte. »Schauen Sie«, fuhr er fort. »Ich habe von dem Angebot aus dem alten Prospekt noch ein einziges Bett übrig. Es ist ein ganz besonders wertvolles Holz.

Ich könnte Ihnen einen absoluten Sonderpreis machen. Auch zwei passende Nachttische sind noch da. Und die würde ich Ihnen weit unter Preis dazuliefern. Sind Sie daran interessiert?« Ich erkundigte mich nach dem Preis und stellte fest, daß mein Geld nur für das Bett reiche. Dafür war es aber wunderschön. Ich bestellte das Bett.

Froh eilte ich danach ins Büro meines Mannes und teilte ihm die Nachricht mit. »Aber wenn du die Nachttische so günstig bekommen kannst, dann bestell sie doch dazu!« ermutigte er mich. »Wie sieht denn sonst das neue Bett mit den alten Nachttischen aus. Das paßt doch gar nicht!« Jubelnd lief ich zum Telefon und gab die Bestellung auf.

Wenn ich heute unser schönes Bett anschaue, dann hat es einen so großen Wert für mich wie ein vergoldetes. Hätte ich meinen Willen durchgesetzt, hätte ich den viel höheren regulären Preis bezahlen müssen – und ich würde mich wahrscheinlich jedesmal beim Betrachten an den schalen Geschmack eines falschen, unzeitigen Triumphes erinnern.

Als ich vor einiger Zeit anläßlich eines Vortrags diese Geschichte zur Veranschaulichung des Bibelverses erzählte, kam danach ein Mann auf mich zu. »Ich hätte Ihnen das Bett auch nicht vorher gekauft!« gab er mir zu verstehen. »Ihr Mann konnte es Ihnen erst fröhlich geben, als Sie aufgehört hatten, ihn zu bedrängen. Vorher hätte er sich einfach überrumpelt gefühlt.« Wie recht hatte er!

Unterordnung führt nicht in Unfreiheit. Wenn wir den Herrn darin wirken lassen, können wir freudig gespannt sein, wie er eine Lösung herbeiführen wird.

95

# Jesus trägt Sicherheitsgurt

*Jesus sagt: »Ich bin bei euch alle Tage, bis zur Vollendung des Zeitalters.« (Matthäus 28, 20)*

Mit unseren zwei Kleinen war ich unterwegs. Wir hatten einen Arztbesuch hinter uns, waren einkaufen und befanden uns auf dem Heimweg. Ich war sehr müde. Die Strecke, die vor uns lag, war kurvenreich und nicht ungefährlich.

»Laßt uns miteinander beten!« sagte ich zu den Kindern. »Ich weiß, warum du heute noch einmal auf der Heimfahrt betest«, meldete sich da die Stimme der Größeren, die auf dem Rücksitz saß: »Am Wochenende war auf dieser Straße ein schwerer Unfall. Die Leute sagen, daß die Frau tot war.« – »Das ist richtig«, stimmte ich ihr zu. »Viele nehmen diese Strecke als Rennstrecke. Dabei geraten sie in den Kurven oft auf die Gegenfahrbahn. Kommt man gerade hinzu, hat man keine Möglichkeit auszuweichen: Auf der einen Seite sind Felsen, auf der anderen geht es den Steilhang hinunter. Das ist wirklich gefährlich. Deshalb wollen wir den Herrn Jesus bitten, daß er auf uns aufpaßt.«

Ich betete um Bewahrung. Als ich »Amen« gesagt hatte, hörte ich auf dem Rücksitz den Sicherheitsgurt klicken. »Das ist gut, daß ihr euch anschnallt«, bemerkte ich. »Aber Mama«, protestierten die beiden wie aus einem Munde, »wir sind doch schon lange angeschnallt!« – »Und wieso habe ich dann das Klicken gehört«, wollte ich wissen, »wenn schon alle angeschnallt sind?«

Die Große lachte: »Na deshalb, weil der Herr Jesus jetzt auch dabei ist. Und du sagst, daß alle im Auto angeschnallt sein müssen. Also haben wir den Herrn Jesus auch angegurtet. Jesus sitzt jetzt zwischen uns.«

Die beiden unterhielten sich, während ich losfuhr. Leider ging es nicht lange friedlich zu. »So groß ist er doch gar nicht! Weiter unten, so . . .« hörte ich die Große die Kleinere belehren. »Worum streitet ihr denn?« sagte ich etwas ärgerlich. »Sie streichelt den Herrn Jesus zu weit oben«, meinte die Große. »So weit oben ist sein Kopf doch gar nicht!«

»Wenn ihr nicht werdet wie die Kinder . . .« (Matthäus 18, 3) ging es mir durch den Kopf. Ja, Jesus hat uns zugesagt, daß er bei uns sein will bis zum Abschluß des Zeitalters (Matthäus 28, 20). Er läßt uns ebenfalls wissen, daß, wo zwei oder drei in seinem Namen versammelt sind, er mitten unter ihnen weilt (Matthäus 18, 20).

Er war also wahrhaftig in unserer Mitte.

Als mir seine Gegenwart bewußt wurde, fiel alle Angst von mir, und eine große Freude machte sich in mir breit. »Jesus«, sagte ich leise vor mich hin. »Es ist einfach so herrlich, daß du jetzt mit uns hier in diesem Auto bist.«

## Sie hat der Himmel mir geschickt

*»Ehe sie rufen, will ich antworten . . .« (Jesaja 65, 24)*

Wir wohnen so richtig weit weg im Hinterland. Mehr als zwanzig Kilometer sind es bis zur nächsten Bahnstation. Die Busverbindung dorthin ist äußerst schlecht. Das bringt für uns viele Autofahrten mit sich, wenn unsere größeren Kinder am Wochenende nach Hause kommen.

So war ich an einem Freitagabend mal wieder unterwegs mit zwei kleineren Kindern, um unsere große Tochter abzuholen. Wir warteten am Bahnhof – fünf Minuten, zehn Minuten –. »Anscheinend hat der Zug wieder gewaltig Verspätung«, sagte ich zu den Kindern. Wir begaben uns ins Bahnhofsgebäude. »Wieviel wird denn der Abendzug etwa zu spät kommen?« wollte ich wissen. »Da können Sie noch mal nach Hause gehen«, informierte mich der Beamte. »Es wird noch mindestens eine Stunde dauern. In der Vorderpfalz suchen sie nach einer Bombe, die angeblich irgendwo zwischen den Gleisen angebracht sein soll.«

Ich betete für unser Kind und die anderen Reisenden um Bewahrung und machte mich auf den Weg. Zwar lohnte es sich nicht, nach Hause zurückzufahren, aber ich mußte doch die zu Hause Gebliebenen informieren, damit sie sich nicht wunderten, wo wir blieben.

An einer Telefonzelle hielten wir an. Doch dummerweise hatte ich nicht genügend Münzen zum Telefonieren bei mir. Es war schon dunkel und kein Mensch auf der Straße zu sehen. So entschloß ich mich, an einem der Häuser zu klingeln. Zwei kleine Kinder öffneten mir. »Ist eure Mutter zu Hause?« fragte ich sie. Eine Frau kam von hinten dazu. »Was wollen Sie?« sagte sie freundlich. Ich berichtete ihr von meiner Lage und bat um Kleingeld. »Aber kommen Sie mit Ihren Kindern doch herein«, lud sie mich ein, »ich habe auch ein Telefon, dann können Sie das gleich hier erledigen.«

Sie führte mich ins Wohnzimmer, wo der Apparat stand. Ich rief zu Hause an und gab Bescheid. Als ich wieder aufgelegt hatte, forderte sie mich freundlich auf: »Bleiben Sie doch hier! Am Bahnhof ist es kalt, und es dauert noch lange, bis der Zug ankommen wird.«

Gerne nahm ich das Angebot an. Einige kleine Kinder saßen im Zimmer. »Machen Sie Babysitting?« fragte ich die gepflegte Frau. »Aber nein«, wehrte sie ab, »das sind meine eigenen.« Da auch wir viele Kinder haben, waren wir natürlich sehr schnell in einem intensiven Gespräch. »Bejaht Ihr Mann auch Kinder?« wollte ich wissen. Das Gesicht der Frau nahm einen sehr traurigen Ausdruck an. »Ach«, sagte sie betrübt, »eigentlich hat er sich über alle so richtig gefreut, bis, ja bis . . .« Sie verbarg ihr Gesicht in den Händen und weinte. Eines der Kinder kam zu ihr und streichelte ihr übers Haar. Langsam beruhigte sie sich wieder. Dann fuhr sie fort: »Mein Mann lernte eine andere Frau kennen. Diese Frau ist sehr gemein zu mir, ruft mich an, beschimpft mich und macht mich fertig. Mein Mann nimmt mich nicht in Schutz. Ich fühle mich so entsetzlich alleingelassen.« Sie unterbrach wieder und weinte, bevor sie fortfuhr: »Heute abend ist er weggegangen, ohne mir zu sagen, wohin. Wahrscheinlich ist er jetzt wieder bei ihr.«

Gott öffnete mir den Mund, und ich durfte ihr von dem sagen, der unsere Seele trösten will, mitten in Ungerechtigkeit und Verzweiflung.

Tief bewegt drückte sie mir die Hand, als ich mich verabschiedete, um wieder zum Bahnhof zu fahren: »Sie hat mir der Himmel geschickt!«

Ja, »ehe sie rufen, will ich antworten«, dachte ich in meinem Herzen.

Welch merkwürdige Wege beschreitet Gott manchmal, um einen Menschen zu erreichen, der in Not ist –! Da mußte ein Zug Verspätung haben, ein Telefonat nötig werden und einem Geldbeutel die Münzen fehlen, weil Gott die Wege zu jemandem hinleiten wollte, den ich sonst nie aufgesucht hätte.

Der Zug kam an. Meine Tochter stieg wohlbehalten aus. Gott hatte gleich zwei Bitten erhört.

# Buße ist ein fröhliches Geschäft

*»Herr, du erforschst mich und kennst mich . . . du kennst meine Gedanken von ferne.« (Psalm 139, 1. 2)*

Es gibt ein nettes Kinderlied. Es heißt: »Paß auf, kleines Auge, was du siehst; denn der Vater in dem Himmel schaut herab auf dich. Drum paß auf, kleines Auge, was du siehst.«

Leider kann man aus diesem Lied auch heraushören: Was immer du tust, »big brother is watching you!« Deine Schandtaten werden detailgetreu registriert. Bis in deine Gedanken hinein gibt es Kontrolle. Drum paß genau auf, damit dir kein Fehler passiert!

Gott aber ist viel weitherziger und liebevoller, als daß er Freude daran fände, uns ständig zu beobachten, um uns anzuklagen. Dafür sorgt statt dessen mit großer Häme der Feind Gottes.

Wenn Gott Verborgenes offenbart – dann nicht, um uns bloßzustellen, sondern um uns eine Möglichkeit zu geben, Schuld zu erkennen, um sie danach bekennen zu dürfen. Gott enthüllt gelegentlich auch das, was andere uns zugefügt haben. Dadurch, daß es wieder in unsere Erinnerung kommt, können wir das Geschehene, das wir möglicherweise verdrängt haben, besser verarbeiten und dem Übeltäter vergeben ( . . . »wie auch wir vergeben unseren Schuldigern« Matthäus 6,12; Lukas 11, 4).

»Buße ist ein fröhliches Geschäft«, sagt Martin Luther. Weil durch Jesus der Weg zu Gott möglich ist, gilt es, diesen Weg immer neu zu säubern von Schuld, damit wir nicht auf dem Weg »hängenbleiben«. Die Sünde haftet uns oft an wie ein Kaugummi. Aber das Blut Jesu ist ein wunderbares Lösungsmittel für so eine zähe, widerspenstige Angelegenheit.

Anfänglich erscheint es schwer, Schuld vor den Ohren eines anderen, der als Zeuge Gottes fungiert, zu bekennen. Dann aber ist es befreiend. Ja, mit großer Erleichterung und innerem Jubel vernimmt man dann den Zuspruch: »Im Namen Jesu sind dir deine Sünden vergeben.«

Vor mir saß sie: blondlockig, hübsch – und traurig. »Ruth«, sagte sie zu mir, »ich bin da, weil vieles mich drückt. Ich will, daß du dabei bist, wenn ich es am Kreuz Jesu niederlege und ihn um Vergebung bitte. Zu allererst ist da meine Gleichgültigkeit Gott gegenüber, die ich bekennen will. Vor Jahren habe ich Jesus gebeten, der Herr meines Lebens zu sein. Aber im Laufe der Zeit habe ich gar nicht mehr danach gefragt, was er eigentlich will . . .« Und dann folgten viele Dinge, die dieses Mädchen an Schuld auf sich geladen hatte.

Welch eine Freude und Befreiung war es, für all das Jesus um Vergebung zu bitten und zu wissen: Es ist für ihn nichts zu groß und nichts zu klein, als daß er nicht vergeben würde.

Während wir miteinander beteten, ging durch meinen Kopf immer wieder das Wort »Onkel«. Ich konnte mir nicht erklären, warum es sich so sehr in meine Gedankenwelt hineindrängte. In dem ganzen Gespräch war ein Onkel nirgends vorgekommen. Obwohl ich versuchte, es beiseite zu schieben, kam es ständig zurück.

Inge weinte während des Gebets sehr viel. Als ich »Amen« gesagt hatte, schluchzte sie laut auf. Ich war irritiert. Hatte ich sie durch irgendeine Formulierung in meinem Gebet verletzt? Oder gab es noch eine Schuld, die sie bekennen wollte, wofür sie sich zu sehr schämte? So fragte ich sie: »Sag, Inge, wolltest du noch irgend etwas loswerden?« Sie schüttelte heftig den Kopf. »Aber irgend etwas stimmt doch nicht?« fragte ich weiter. Sie schluchzte noch heftiger.

Da kam mir das Wort »Onkel« wieder deutlich in den Sinn. »Sollte das der Schlüssel sein?« fragte ich mich. Ich nahm mir ein Herz und sagte zu ihr: »Ist es dein Onkel, der dir Leid zugefügt hat?«

Sie hielt inne und schaute mich fast ungläubig an: »Ja«, kam es aus ihr heraus, »wie kannst du das wissen? Kein Mensch weiß es!« Es war, als würde eine Last von ihr fallen dadurch, daß sie endlich darüber reden konnte. Mit Schmerz in der Stimme berichtete sie nun, wie ihr Onkel sie als Kind mißbraucht hatte. Wegen seiner Drohungen hatte sie sich nie getraut, mit jemandem darüber zu sprechen. Das Für-sich-Behalten dieses Geheimnisses hatte sie in ihrer Lebensentfaltung immer mehr stranguliert. Obwohl dies alles schon viele Jahre zurücklag, fühlte sie sich immer noch bedroht und voller Haß.

Nun war dieses düstere Geheimnis am Licht. Sie konnte darüber reden. Und jetzt erfuhr sie auch in diesem Bereich Befreiung. Nachdem sie es ausgesprochen hatte, bat sie Gott um Heilung für diese tiefe Verletzung. Nun konnte sie ihn auch bitten, ihr die Bitterkeit und den Haß zu vergeben, die sie im Herzen gehabt hatte.

Der Herr weiß alle Dinge unseres Lebens. Sein Ziel für uns ist es, uns zu vergeben und uns heil zu machen, sowohl für das, was wir an Schuld auf uns geladen haben als auch für das, was andere uns zugefügt haben. In diesem Fall hatte der Herr etwas offenbart, um einem Menschen zu helfen, die Last der Vergangenheit zu beseitigen. So groß ist Gott!

# Diagnose: Krebs

*»Denen, die Gott lieben, müssen alle Dinge zum Besten dienen.« (Römer 8, 28)*

Viele Jahre hatten wir uns gewünscht, ein eigenes Haus zu besitzen. Wir wohnten mit den Kindern ziemlich beengt. Nun endlich sollte es wahr werden. Die Freude war riesig. Schon hatten die ersten Vorbesprechungen wegen Finanzierung und Planung stattgefunden.

»Ich bin jetzt schon einige Jahre über vierzig«, sagte mein Mann eines Tages zu mir. »Vielleicht sollte ich doch zur Krebsvorsorgeuntersuchung gehen.« Ich fand das eher überflüssig. Mein Mann fühlte sich so gut wie selten zuvor im Leben.

Nach der Untersuchung wirkte er ein wenig bedrückt. Der Arzt hatte einen Polypen im Darm gefunden. Der sollte nun entfernt werden. »Was soll schon sein?« versuchte ich seine Bedenken zu zerstreuen, »dies ist kein so schlimmer Eingriff, und danach ist alles wieder in Ordnung.«

Aber so einfach war es nicht. Je gründlicher untersucht wurde, desto schlimmer wurde der Befund. Aus dem anfänglichen Befund »Polyp« ergab sich später die Diagnose: Colon-Carzinom (Dickdarmkrebs).

Konnte Gott das zulassen? Wir waren sehr betroffen. Wie konnte das für unser Leben das Beste bedeuten (Römer 8, 28)? Es fiel uns ungemein schwer, diese Diagnose anzunehmen. Ich erbat ein Wunder von Gott. Und das umgehend.

Die Ärzte dagegen rieten zu einer baldigen Operation in einer Universitätsklinik. Das erhoffte Wunder geschah nicht. Die Operation fand statt. Etwa ein halber Meter Darm wurde entfernt.

»Warum, Herr?« fragte ich oft in meinem Herzen.

Gott schenkte auf seine ganz eigene Weise aber doch eine Erhörung. Am Tage nach der großen Operation stand der Professor am Bett meines Mannes: »Haben wir wirklich diesen Mann gestern operiert?« fragte er seinen Assistenzarzt. Beide waren erstaunt, wie gut es Hans-Joachim ging. Ich war dabei, als der Professor folgendes feststellte: »Ein erwachsener Mensch hat etwa zwei Meter Dickdarm. Bei Ihnen, Herr Heil, waren aber etwa 50 Zentimeter mehr vorhanden. Wenn wir bei der Operation nun notwendigerweise diesen halben Meter entfernen mußten, so bleibt Ihnen dennoch so viel erhalten, wie jeder Mensch normalerweise hat.«

So kann also auch ein halber Meter zu viel Dickdarm zum Besten sein, wenn Gott solch eine Operation zuläßt.

# Gott kennt alle Telefonnummern

*»Rufe mich an in der Not, so will ich dich erretten, so sollst du mich preisen.« (Psalm 50,15)*

Dieser Bibelvers wird auch die Telefonnummer Gottes genannt. Er erinnert an den Werbeslogan der Post: »Ruf doch mal an!« In der Tat können Telefone lebensrettend sein. Aber sie erweisen sich nicht nur in Gefahrensituationen als hilfreich. Gott hat uns in seiner Liebe eine »Notrufnummer« gegeben, weil er weiß, wie oft wir uns als Menschen in Schwierigkeiten befinden.

Wieder einmal waren wir unterwegs zu einem Vortrag. Die drei Kleinsten saßen auf dem Rücksitz und waren gerade am Einschlafen. Das gleichmäßige Geräusch des Motors und die hereinbrechende Dämmerung hatten dies wohl bewirkt. Ich sammelte mich noch ein wenig. Das Thema, über das ich heute abend sprechen sollte, war: »Mit Kindern beten«. Viele feine Erfahrungen hatte ich mit den Kindern darin schon gemacht. Ja, ich hatte von ihnen mehr über Gebet gelernt, als in vielen schlauen Büchern geschrieben steht.

Unsere Kleine hatte Gott so lieb, daß sie ihn jeden Abend »umarmte«. Da sie ihn nicht sehen konnte, wollte sie ihn wenigstens an sich drücken. Und sie küßte ihn auch. Und wenn man sie fragte, was sie da tue, so erklärte sie: »Du hast mir gesagt, daß er wirklich da ist, wenn ich mit ihm rede. Also ist er jetzt hier bei mir! Und daß er mich unendlich liebhat, mehr als mich

107

irgend jemand liebhaben könnte, hast du auch erzählt. Warum sollte ich ihn dann nicht umarmen?«

Während ich mir bewußtmachte, daß Gott auch jetzt da war, hier in unserem Auto, verlangsamte mein Chauffeur, meine Freundin Elisabeth, immer mehr das Tempo. »Warum willst du anhalten?« fragte ich sie, »hier ist nirgends ein Parkplatz zu sehen.« – »Ich will gar nicht anhalten«, hörte ich sie erschrocken sagen, »aber das Gas funktioniert nicht mehr richtig. Und auch die Lichter werden immer schwächer.« Langsam rollten wir auf den Seitenstreifen. Elisabeth schaltete den Wagen aus. Wir ließen ihn ein wenig ruhen, um dann neu zu starten. Zu unserem Entsetzen funktionierte aber nun gar nichts mehr. Was sollten wir tun? Wir hatten nicht einmal eine Ahnung, wie weit wir noch vom Ziel entfernt waren, denn wir hatten keine Acht auf die Namen der Ausfahrten gehabt. Aber mehr als eine halbe Stunde konnte es kaum mehr bis zum Ziel sein. So hatten wir also noch ein wenig Spielraum; denn der Beginn der Veranstaltung sollte erst in einer Stunde sein.

Wir standen auf dem Seitenstreifen an der Autobahn, völlig unbeleuchtet. An der Rufsäule erreichten wir den ADAC und baten um Hilfe. »Ich habe sehr viel zu tun«, informierte uns der zuständige Mann, »aber spätestens in einer halben Stunde werde ich dasein.« Die halbe Stunde verstrich.

Die Heizung funktionierte nicht mehr. Nicht einmal das Lämpchen der Innenbeleuchtung ging noch. Es war geradezu unheimlich, und es wurde immer ungemütlicher. Draußen rasten die Autos vorbei, und die vorbeidonnernden Lastwagen erschütterten unser Auto. »Ich werde es noch einmal an der Rufsäule probieren«, entschloß sich Elisabeth. »Und ich werde den Mann bitten, dort im Pfarramt Bescheid zu sagen. Vielleicht können sie uns dann hier abholen.«

Die Kinder waren schon lange alle wieder wach und fingen an zu frieren. Ich holte Decken aus dem Kofferraum und versuchte, sie zu beruhigen. »Wir machen Wunschlieder-Singen«, schlug ich vor.

Inzwischen kam Elisabeth wieder zum Auto: »Der Mann ist zu beschäftigt, als daß er die Nummer heraussuchen könnte, gab er mir als Auskunft; aber wenn wir die Nummer wüßten, dann würde er es versuchen.«

Ich stöhnte. Woher die Telefonnummer nehmen? Wohl hatte ich in der vorigen Woche einmal dort angerufen, um etwas zu klären. Aber wie sollte ich mich an diese Nummer erinnern können?

Im allgemeinen stehe ich mit Zahlen auf Kriegsfuß. Sie sind für mich zu abstrakt, zu fremd, zu wenig auf den Menschen bezogen. Die einzigen Daten, die ich mir gut merken kann, sind die Geburtstage meiner Familie. Alle anderen Zahlen zu behalten fällt mir schwer, bis hin zu unserer Autonummer. Sie versuche ich mir immer wieder einzuprägen, und trotzdem vergesse ich sie. Das bringt mich gelegentlich in Schwierigkeiten. Aber Gott, der Schöpfer, kennt alle Zahlen. Er weiß die Anzahl der Sterne und die Literzahl des Meeres; er hat die Haare auf unserem Haupt gezählt, und er kennt unser menschliches Herz, das oft verzagt ist.

Im Fond des Autos sangen die Kinder: »Halleluja, preiset den Herrn«. Wir alle beteten, daß der Herr doch eine Lösung schenken möge. Dabei ging mir ständig eine Zahl durch den Kopf: 1727. Dies war so aufdringlich, daß ich mich darüber fast ärgerte. Was sollte diese Zahl? Doch halt: War es möglicherweise die Telefonnummer, die wir brauchten? – Aber ich hatte keine Vorwahl. Was konnte dies dann helfen? Und falls diese Zahl falsch war, wie sehr würde sich der vielbeschäftigte ADAC-Mann ärgern! Wir wollten ihn trotzdem bitten!

»Die Vorwahl ist kein Problem, die brauch' ich nicht. Wir sind ja schon im Ortsnetz hier«, erklärte er. »Ich werd's versuchen.«

Nur etwas mehr als zehn Minuten waren vergangen, als sich ein Auto vor uns auf den Seitenstreifen stellte. Zu unserem großen Erstaunen war es aber nicht der ADAC, sondern der Pfarrer, den die Nachricht per Telefon erreicht hatte. Wir waren nur einige hundert Meter von der Ausfahrt entfernt gewesen!

Während meine Freundin beim Auto ausharrte, fuhr ich mit den Kindern schon zum geplanten Abend. Wir kamen noch rechtzeitig an.

Der Schaden am Auto war so groß, daß es abgeschleppt werden mußte. Von Freunden wurde uns dann für die Heimfahrt ein Auto zur Verfügung gestellt.

Am Abend aber konnte ich davon erzählen, wie Gott besonders auf das Gebet der Kinder eingeht. Ich selbst hatte neu die Erfahrung mit dem Bibelwort gemacht: »Rufe mich an in der Not, so will ich dich erretten, so sollst du mich preisen!« Ja, zum Preisen hatten wir wirklich Grund genug!

# Käse mit Schinken und Ei

*»Habe deine Lust am Herrn, der wird dir geben, was dein Herz wünscht.« (Psalm 37, 4)*

Mit meiner Freundin Elisabeth war ich mal wieder »auf Achse«. Wir fuhren zum Verlag, weil wegen eines Buchmanuskriptes einiges besprochen werden mußte. Der Termin war für den Vormittag ausgemacht. Doch wir gerieten in solch ein Verkehrschaos, daß wir erst gegen Mittag dort eintrafen. Da wir am Nachmittag schon wieder zu Hause sein wollten, hatten wir kaum Verpflegung mitgenommen, nur ein paar Plätzchen. Die letzten Male waren wir im Verlag immer so vorzüglich bewirtet worden. Doch dieses Mal war die Essenszeit, bedingt durch unsere Verspätung, schon vorüber.

Zwei meiner Kleinen waren mit dabei. Als wir nach der Besprechung wieder im Auto saßen, klagten sie über Hunger. »Ich hab' eine Überraschung für euch«, machte ich sie neugierig. »Wir fahren jetzt noch eine halbe Stunde weiter und gehen dann in den Affenpark. Dort gibt es auch ein Gasthaus. Und dann kaufen wir uns belegte Brote und trinken etwas.« – »Hurra!« schrieen die beiden wie aus einem Munde. Die Sonne schien warm, nachdem es Tage zuvor nur geregnet hatte. Die Landschaft war märchenhaft schön. Das Wetter hatte wohl noch mehr Menschen aus ihrer Wohnung gelockt! Als wir uns auf dem Parkplatz einfanden, mußten wir uns regelrecht einen Platz suchen. Aber das war nicht das Schlimmste. Viel schlimmer war, daß es im Gasthaus kein Stückchen Brot mehr gab. Buchstäblich ausverkauft waren diese Leute, die mit einem solchen Ansturm von Menschen nicht gerechnet hatten.

»Ich hab' solch einen Hunger«, klagte unser kleines Mädchen. »Sonst mag ich Plätzchen so gerne, aber heute hab' ich keine Lust darauf. Wir essen ja schon den ganzen Tag nur Plätzchen.« Zum Glück konnten wir wenigstens noch ein Eis für jedes der Kinder ergattern. Es war zwar nicht die Sorte, die sie sich ausgesucht hätten; aber es war eben alles andere schon ausverkauft.

Die lustigen Affen ließen uns das Hungergefühl vergessen. Sie turnten über die Bäume und am Weg entlang, zupften an unserer Jacke und bettelten um das Popcorn in unserer Hand. Wir lachten und zeigten einander Affenbabys, die am Bauch ihrer Mutter durch die Äste schaukelten, und Affenpapas, die ihren Kindern Grimassen schnitten, um sie zum Lachen zu bringen.

Auf dem Nachhauseweg aber meldete sich wieder der Magen. Ich mußte darüber nachdenken, was Mütter und Kinder wohl bei einer Hungersnot zu erleiden hatten, wenn die Kinder nach Essen schrieen. Und wir hatten immerhin noch Plätzchen übrig! Aber die wollte keiner.

»Wißt ihr, worauf ich jetzt Lust hätte?« fragte ich die andern. Und ich fuhr fort, ohne auf ihre Antwort zu warten: »Auf Käsebrot, mit Schinken, Käse und einem gebackenen Ei darauf und Tomate!« – »Hör auf damit!« bat Elisabeth, »da läuft einem ja das Wasser im Mund zusammen. Das geht auf seelische Grausamkeit hinaus.« Wir lachten.

112

Schon wieder waren wir auf der Autobahn. Ich tröstete die Kinder damit, bei der nächsten Raststelle zu halten. Aber wir waren in Frankreich. Anscheinend gab es dort nicht allzu viele davon, auf jeden Fall nicht auf unserer Strecke. Wieder auf der Landstraße, waren die Geschäfte schon geschlossen. Nun könnten wir auch nach Hause fahren, statt in einem Gasthaus noch lange auf Essen zu warten.

»Weißt du!« meinte Elisabeth, »wir könnten in Woerth noch eine kurze Rast einlegen, um die Zuhausegebliebenen mit einer Eistorte zu erfreuen.« Das war eine gute Idee! Die Kinder waren inzwischen eingeschlafen. »Geh du allein hinein!« schlug Elisabeth vor. »Ich warte hier im Auto bei den Kindern.«

Das Gasthaus in Woerth wird von lieben, gläubigen Freunden geführt. Es gibt dort keinen Alkohol zu trinken. Dafür aber Köstlichkeiten, wie z.B. herrliche Eistorten. »Hallo Ruth!« begrüßte mich Marthe Bender fröhlich, »du kommst genau richtig. Setz dich hin, es gibt Abendessen!« – »Nein, nein«, wehrte ich ab, »ich hab' die Kinder im Auto, und wir wollen auf dem schnellsten Weg nach Hause. Ich möchte nur eine Eistorte für die Daheimgebliebenen mitnehmen.« »Ach was«, entgegnete sie, »du bist so selten da. Bring die Kinder herein. Es dauert doch eine Weile, bis die Torte fertig gerichtet ist.« – »Aber die Kinder schlafen im Auto. Meine Freundin sitzt bei ihnen, damit sie nicht denken, daß sie allein sind, falls sie aufwachen«, erklärte ich ihr. »Nun gut, dann iß du jetzt etwas, und bring deiner Freundin auch etwas hinaus!« beschloß sie für mich. Ich gab mich geschlagen und setzte mich an einen der Tische. Der herrliche Geruch aus der Küche stieg in meine Nase. Und was brachte sie zu meinem Tisch? Ich traute meinen Augen kaum! Eine ganze Platte voll mit herrlich elsässischem Brot, belegt mit Käse, Schinken und gebackenem Ei. Sogar die Tomate fehlte nicht. Mit einem Teller voll dieser Köstlichkeit ging ich hinaus zum Auto. Elisabeth kurbelte die Scheibe herunter. Sie hatte ihre aufgeschlagene Bibel vor sich. Ich hielt ihr den Teller unter die Nase. Sie schaute erstaunt auf und fing dann fröhlich zu lachen an. »Was ist los?« fragte ich sie etwas irritiert.

»Gott hat wirklich Humor. Stell dir vor, ich begann gerade Psalm 37 zu lesen. Und als du mir eben den Teller mit dem köstlichen Essen brachtest, war ich bei Vers 4: ›Habe deine Lust am Herrn, der wird dir geben, was dein Herz wünscht.‹«

Wie groß ist Gott, und welch eine Liebe hat er zu uns, daß er uns sogar solche individuellen Wünsche erfüllt!

## Dein Wille geschehe

*»Dein Wille geschehe, wie im Himmel, so auf Erden . . .« (Matthäus 6, 10; Lukas 11, 2)*

So beten wir im Vaterunser. Innere Nöte bekommt aber so mancher, wenn ersichtlich wird, daß Gottes Wille, um dessen Erfüllung wir beten, nicht mit unserem Willen identisch ist, der zu unserer Persönlichkeit gehört. Am liebsten hätten wir es, wenn Gott ganz auf unsere persönlichen Wünsche eingehen würde. Dann würde die Nachfolge Jesu so richtig Spaß machen.

Was aber, wenn er anders entscheidet? Ist dann unser Glaube erschüttert?

»Dein Wille geschehe«, darin liegt das tiefe Zutrauen in Gott, daß seine Entscheidungen, wie immer sie ausfallen, für uns zum besten sind.

»Sie haben mehrere Myome«, informierte mich der Arzt nach einer Untersuchung. »Wahrscheinlich müssen Sie in nächster Zeit Ihren Uterus entfernen lassen.« Das war keine gute Nachricht. Ich versuchte, damit fertig zu werden.

Aber es wollte nicht so recht gelingen. Aus vielen Beratungen bei anderen wußte ich, wie schwierig die innere Verarbeitung dabei sein würde. Auch wenn wir uns nicht unbedingt weitere Kinder wünschten, war uns mit dieser Operation auf jeden Fall die Möglichkeit genommen. Ich setzte mich intensiv mit dieser Frage auseinander und fand ein Ja zu diesem Weg. Das fiel mir nicht leicht. »Herr«, beteten wir, »es ist deine Sache, wie alles weitergehen soll. Wir sind bereit zu einer Operation; aber wir wissen auch, daß du heilen kannst. Dein Wille geschehe.«

Ich begab mich zu einer weiteren Untersuchung, weil ich den Eindruck hatte, daß die Myome sich weiter vergrößert hatten. Aber statt des Hinweises auf eine erforderliche Operation teilte der Arzt mir mit: »Uterusgrößenwachstum nicht bedingt durch Vergrößerung der Myome, sondern wegen Gravidität.« Das hieß zu deutsch: ich war schwanger!

Ich freute mich riesig und ging spontan mit unserer kleinen Tochter ins nächste Möbelgeschäft, um einen schönen, großen Spiegel zu kaufen. Diese Schwangerschaft wollte ich noch einmal bewußt erleben. Der Tausch »Schwangerschaft statt Operation« gefiel uns gut. Wir freuten uns von ganzem Herzen, daß Gott uns ein weiteres Kind schenken wollte.

Doch schon nach wenigen Wochen der Schwangerschaft stellten sich Blutungen ein. Ich konnte nicht so recht beten: »Dein Wille, Herr, geschehe.« Konnte Gott zulassen, uns ein Kindlein zu schenken, um es wieder wegzunehmen? Das konnte doch unmöglich sein Wille sein!

Das neu entstandene Kindlein ging mir bis in meine Träume nach. Es war ein Mädchen. Ich rief es sogar mit Namen. Sicher würde es leben!

Doch die Blutungen nahmen zu, obwohl ich Medikamente nahm. Der kleine Mensch in mir starb, lange, bevor er mit seinen Äuglein das Licht der Welt gesehen hatte.

Meine Gefühle Gott gegenüber waren so eigenartig. Auf der einen Seite war ich voller Vorwürfe, auf der anderen wollte ich von ihm getröstet sein in meinem

Schmerz. Meine Arme kamen mir so eigenartig leer vor. Sie wollten ein Kindlein halten, aber da war keines.

Monate sind seitdem vergangen. Viele Frauen haben mir inzwischen von der Erfahrung einer oder mehrerer Fehlgeburten berichtet, manche auch von den inneren Qualen nach einer Abtreibung. Ich habe mit ihnen gelitten, weil ich ihre tiefen Gefühle von Verlust mitgespürt habe. Vielleicht begreifen wir als Mütter gerade während der Schwangerschaft, auch wenn sie ganz am Anfang ist, das tiefste Geheimnis davon, daß der Mensch, noch bevor wir ihn als solchen erkennen, schon ein personales Wesen ist.

»Dein Wille war gut für mich, Herr«, konnte ich nach solch einem Gespräch sagen, »auch wenn er schmerzlich für mich war.«

Mich selbst tröstete in der Zeit nach der Fehlgeburt am meisten die Aussage einer lieben, katholischen Schwester: »Welche Wege Ihre anderen Kinder einmal einschlagen werden, das weiß niemand. Aber dieses eine Kindlein dürfen Sie mit Sicherheit schon aufgehoben wissen beim Vater im Himmel.«

# Führungen

*»Dem aber, der überschwenglich tun kann über das hinaus, was wir bitten oder verstehen ... dem sei Ehre!« (Epheser 3, 20. 21)*

Wirklich, ich verstand nicht, warum ich auf dem Heimweg von einem Vortrag so sehr an zwei Menschen erinnert wurde. Zwar lagen die beiden Häuser dieser Bekannten unweit der Autobahn, auf der wir fuhren, aber es war wahrhaftig an der Zeit, um heimzufahren. Zu Hause wartete genug Arbeit auf mich. Und es war kein Grund ersichtlich, diese Bekannten ausgerechnet heute zu besuchen, zumal sie nichts davon wußten.

»Elli«, fragte ich meine treue Freundin, die mich so oft auf meinen Fahrten begleitet, »was meinst du? Sollen wir diese Besuche wagen? Wir wissen nicht einmal, ob die Leute zu Hause sind. Und unsere Kinder sind ziemlich quengelig.« – »Wenn es in deinem Herzen brennt, laß uns hinfahren!« ermutigte sie mich.

Unsere erste Station war eine liebe, alte Dame, die ich Jahre nicht mehr gesehen hatte. »Womit könnte ich ihr eine Freude bereiten?« ging es durch meine Gedanken. Es war Samstagnachmittag, und alle Geschäfte waren schon geschlossen. Da fiel mir der wunderschöne Keramiktrog mit drei Pflanzen ein, der mir nach dem Vortrag überreicht worden war.

»Tante Liesel!« rief ich, als ich ins Zimmer trat. Sie war ganz überrascht und freute sich riesig, mich wiederzusehen. Wir unterhielten uns über gemeinsame

Freunde und unser gegenseitiges Ergehen. Beim Verabschieden fiel mir der Blumentrog ein, den ich auf einem Tischchen im Zimmer abgestellt hatte. »Denk dir«, sagte ich und zeigte dabei auf die Blumen, »damit wollte ich dir eigentlich eine Freude bereiten. Aber dein Zimmer ist ja viel zu klein, als daß da noch Platz wäre für diese Pflanzen. Ich nehme sie besser wieder mit.« Während ich nach der Schale griff, schaute sie mich kopfschüttelnd an. »Es ist doch unfaßbar«, kommentierte sie, »da kommst du einmal in drei Jahren und bringst mir genau, was ich brauche! Kann ich die Pflanzen bitte behalten? Stell dir vor, morgen hat meine Tochter Geburtstag. Ich wollte ihr eine Freude bereiten mit Blumen. Obwohl mir das Gehen nicht leichtfällt, lief ich mehr als einen Kilometer zum nächsten Blumengeschäft. Kannst du dir vorstellen, wie enttäuscht ich war, als da stand: ›Sind zur Zeit in Urlaub. Bitte haben Sie Verständnis.‹ Natürlich habe ich Verständnis. Aber nun hatte ich nicht einmal ein kleines Geschenk für meine Tochter. Weißt du«, fuhr sie fort, »meine Rente deckt gerade so die Kosten für das Altenheim hier, und ich habe kaum etwas übrig. Nun schickt Gott dich hierher! Außer der Freude, dich zu sehen, habe ich nun auch noch herrliche Pflanzen für meine Tochter.«

Wie liebevoll sorgt der Vater im Himmel auch für die scheinbar kleinen Dinge! Er weiß sogar, wo Blumen gebraucht werden!

Unsere nächste Station war eine Familie, die ich schon lange nicht mehr gesehen hatte. Wir waren uns im Rahmen eines Seminars bei München zum ersten Mal begegnet. Ihre Wohnung lag nicht allzu weit von der Autobahnausfahrt entfernt, die wir gerade ansteuerten. Wir beschlossen, auch dort anzuhalten.

Die Überraschung war groß. Nach der anfänglichen Begrüßung merkte ich, daß etwas nicht in Ordnung war. »Hast du ein wenig Zeit, um mit uns zu sprechen?« fragte meine Bekannte. Ich bejahte. Meine Freundin zog sich mit den Kindern ins Kinderzimmer zurück. So konnten wir ungehindert reden.

»Wir befinden uns gerade in einer massiven Ehekrise. Eine Verständigung ist fast nicht möglich. Obwohl keiner Streit will, gibt es ständig Mißverständnisse und Auseinandersetzungen. Gerade als ihr geklingelt habt, hatten wir uns wieder in den Haaren«, berichtete meine Bekannte.

Wir konnten intensiv miteinander reden. Gott gab viel Weisheit, und es kam zu einigen Lösungen, zu Vergebung und einem Neuanfang. Fröhlich verabschiedeten wir uns voneinander.

Welch wunderbare Führungen hat Gott, daß ER über allem steht und im rechten Moment weiß, was jeder einzelne von uns braucht!

Ja, ER gibt über Bitten und Verstehen!

# Berlin

*»Heute, wenn ihr seine Stimme hört, so verstockt eure Herzen nicht!«* (Psalm 95, 7. 8; Hebräer 3, 7. 8)

Berlin! Schon immer hatte ich mich für diese Stadt interessiert. Doch wir haben dort weder Verwandte noch Bekannte.

Nun wurde uns überraschenderweise eine dreitägige Flugreise nach Berlin geschenkt. »Eigentlich solltest du fliegen«, beschloß mein Mann. »Dann kannst du neue Eindrücke sammeln und bist aus der Haushaltsarbeit einmal weg.«

Der Abschied von zu Hause fiel mir nicht leicht. Dazu kam, daß ich das erste Mal in einem Flugzeug reiste. Die Unterbringung in einem teuren Hotel war für mich ebenso ungewohnt.

Berlin! Ich besichtigte Museen, sah Kunstwerke und Gebäudeschönheiten vergangener Jahrhunderte, Ehrenmäler und tragische Gedenkstätten. Das alles beeindruckte mich. Sehr bewegt war ich über die Begebenheiten an der Mauer, die Menschen miterlebt hatten und uns davon berichteten. Zwar konnte man nicht mehr viel von ihr sehen, und doch war sie noch präsent. Einzelne Straßenhändler boten Bruchstücke davon an.

Obwohl die Mauer gefallen war, empfand ich die gesamte Stadt umgeben von entsetzlichen Mauern: der Verzweiflung, der Hoffnungslosigkeit, der Leere. Während ich durch die abendlich beleuchteten Straßen ging, spürte ich die Mauern der Verlassenheit und Einsamkeit in den Herzen vieler Menschen. Tausende, so schien mir, waren unterwegs auf der Suche nach Geborgenheit.

Dieses Empfinden verdichtete sich, als ich am letzten Morgen vor dem Abflug noch ein paar Kleinigkeiten für unsere Kinder und für meinen Mann besorgen wollte. Ich stieg am Bahnhof Zoo aus. Vor dem Bahnhof lagen Menschen auf dem Boden, die meisten von ihnen zusammengekrümmt schlafend. Andere hasteten daran vorbei. Wieder andere schoben große Pakete mit eingekauften Lebensmitteln vor sich her oder hielten zwei oder drei große Kassettenrekorder in den Armen, die sie sich anscheinend zum Weiterverkauf erworben hatten. Im Strom von Hunderten von Menschen ging ich in Richtung Kurfürstendamm. Ich schaute in die Gesichter der Menschen und war erschrocken über die Gleichgültigkeit, die darin geschrieben stand. Am meisten ging mir der Blick eines Jungen nach, der vor sich hinstarrend am Boden vor einem Kaufhaus saß. »Er könnte mein Sohn sein«, dachte ich. Das Bild dieses halbwegs erwachsenen Kindes ging mir so sehr nach, daß ich umkehren mußte. Aber was konnte ich ihm sagen?

Ich sprach ihn an. Aber er nahm keinerlei Notiz von mir. Wie ein Standbild saß er unbeweglich da. Schließlich holte ich mein kleines Neues Testament aus meiner Handtasche. »Ich weiß nicht, ob Sie jemanden haben, der Sie liebt; aber ich will Ihnen sagen, daß Jesus Sie liebhat. Bitte lesen Sie doch gelegentlich in dieser kleinen Bibel«, sagte ich zu ihm und schob sie in seinen Arm.

Kaum hatte ich ausgesprochen, als Leben in seinen Körper kam. Der Junge sprang auf. Seine Augen funkelten zornig. Er nahm das kleine Buch und schleuderte es auf mich. »Ich brauch' das nicht«, schrie er mich an. Einige Leute blieben einen Moment stehen, andere machten einen Bogen um uns.

Die Bibel flog auf den Boden. Meine Augen füllten sich mit Tränen. Ich nahm die Bibel auf und steckte sie wieder in die Tasche. »Wieviel Verzweiflung in einem Menschen!« dachte ich.

Da war das Angebot Gottes. Hautnah erfahrbar. Und es wurde doch abgelehnt. Warum reagierte der Junge so zornig? Aus Enttäuschung über Menschen, die vorgegeben hatten, Christen zu sein, und ihn dann vielleicht alleine gelassen hatten? Aus Unwissenheit? Aus Angst?

Ich weiß es nicht. Leider war ich in Zeitdruck und zu hilflos, als daß ich hätte nochmals reagieren können.

Doch eines darf ich weiter tun: Für diesen Jungen beten.

Hautnah erfahrbar, das ist Gottes Wort auch heute noch für jeden von uns. Aber wir müssen es auch erfahren wollen. Wollen wir?

# Vergiß nicht!

*»Binde sie dir zum Zeichen auf deine Hand; und sie sollen dir ein Merkzeichen sein zwischen deinen Augen; und du sollst sie schreiben auf die Pfosten deines Hauses und an die Tore.« (2. Mose 13, 9; 5. Mose 6, 8. 9)*
*»Lobe den Herrn, meine Seele, und vergiß nicht, was er dir Gutes getan hat . . . (Psalm 103, 2)*

Die Absicht der Bibel ist nicht nur, uns über Gottes Wesen und seinen Willen zu belehren, sondern auch, um Erfahrungen weiterzugeben, die Menschen mit dem lebendigen Gott gemacht haben. In jener Zeit war es üblich, daß die Eltern ihren Kindern ausführlich erzählten, wie Gott seinem Volk auf vielfältige Weise immer wieder geholfen hatte. Unterstrichen wurde dieses Wissen durch die jährlichen Feste. In ihnen schlug sich die Erinnerung an Gottes hilfreiches Eingreifen nieder.

So wird bei den Juden bis zum heutigen Tag Jahr für Jahr das Passahfest gefeiert als Erinnerung an den Auszug aus Ägypten. Und das ist immerhin schon fast 3500 Jahre her. Damals wurde vom Familienvater ein Lämmchen geschlachtet und dessen Blut an die Türpfosten gestrichen (2. Mose 12). Der Todesengel, der in dieser Nacht durch Ägypten ging und jeden Erstgeborenen tötete, konnte nicht durch die Tür, die mit dem Blut des Lammes gekennzeichnet war. Welch ein wunderbares Zeichen auf Jesus hin, der gerade zur Zeit des Passahfestes viele Jahre später starb, um uns der Macht des Todes zu entreißen und ewiges Leben zu schenken!

Viele Jahre nach dem Auszug rettete Gott durch den mutigen Einsatz der Königin Esther dem ganzen Volk Israel das Leben. Auch dieses Fest wird heute noch in Israel Jahr für Jahr gefeiert. Es sind die Purim-Tage.

Wieviel mehr sollte es auch für uns solche Tage im Jahr geben, die wir als Anlaß nehmen, uns daran zu erinnern, wie uns Gott durchgeholfen hat.

Als ich mein Leben Jesus anvertraut hatte – ich war damals noch ein Kind –, gab mir mein Vater folgenden Rat: »Schreibe dir die Freundlichkeiten Gottes auf! Immer, wenn du ihn um etwas Bestimmtes bittest, vermerke es dir! Und wenn er es dir dann gibt, dann vergiß nicht, ihm dafür zu danken! Und wenn du erlebt hast, wie er dir durch eine schwere Situation durchgeholfen hat, schreibe es auf! Wir Menschen sind so vergeßlich. Das Jammern schaffen wir viel besser als das Danken. Und wenn es uns schlecht geht, verlieren wir oft die Fähigkeit, uns an das Gute zu erinnern. Deshalb schreibe alles auf in ein Lob- und Dankbüchlein! Das soll dir ein ständiger Begleiter sein.«

Dieses Büchlein habe ich aufgeschlagen, als ich die Geschichten dieses Buches niederschrieb. Dabei kam vieles wieder in meine Erinnerung, was ich längst vergessen hatte. Und während ich es las, stieg aus meiner Seele oft ein großer Jubel auf zu Gott. »Wie groß bist du!« sang es in mir. »Wie groß, Herr, daß du das Bitten deiner Kinder hörst! Du gewaltiger Schöpfer Himmels und der Erde hörst auf deine Schöpfung. Und noch mehr: Du liebst uns!«

»Vergiß nicht!« das muß uns in dieser schnellebigen Zeit immer neu zugerufen werden. Leider vergessen wir oft das Gute, während uns das Böse lange im

125

Gedächtnis bleibt. Wir neigen mehr dazu, uns einzuprägen, was andere uns an Bösem angetan haben, als daß wir ihrer Wohltaten und Freundlichkeiten gedenken würden.

Es ereignete sich im letzten Weltkrieg. Einige junge Soldaten waren gefangengenommen worden und miserabel versorgt. Keiner von ihnen wußte, ob er je die Heimat wiedersehen würde. Einer der Soldaten hatte über seiner Schlafstelle einen kleinen, zerrissenen Zettel angebracht. Darauf stand: »Vergiß nicht!« Die anderen machten sich ihre Gedanken darüber. »Sicher will er all das Schlimme, das sie uns hier angetan haben, nicht vergessen«, meinte der eine. »Der wird sich alles merken, um es ihnen irgendwie einmal heimzuzahlen«, spekulierte ein anderer. Schließlich hatte einer den Mut, ihn zu fragen: »Du wirkst gar nicht so voll von Groll. Eher machst du fast einen zufriedenen Eindruck. Was heißt das: ›Vergiß nicht?‹ Hält dich der Haß am Leben?« Der Fragende erhielt eine verblüffende Antwort: »Vergiß nicht!« erklärte ihm der Betroffene, »erinnert mich daran, Gott für all das Gute, das er mir in meinem Leben gegeben hat, zu danken: da waren meine Eltern, die mich liebten und mir den Weg zu Gott zeigten. Es gab Menschen, die mir wohlwollten. Und nicht zuletzt habe ich die Zuversicht, daß Gott inmitten all dieser Not täglich bei mir ist. Das will ich niemals vergessen.«

Wenn Gott uns vergibt, vergißt er all unsere Schuld, als habe es sie nie gegeben. Auch wir sollten diese Vergebung üben, und, wenn wir es selbst nicht schaffen, die Kraft dazu von ihm erbitten. Vergebung befreit, Bitterkeit schadet uns nur selbst und macht uns krank.

Am meisten jedoch sollten wir lernen, all das Gute, das Gott uns getan hat, *nicht* zu vergessen. Wir dürfen regelrecht unsere Seele zu diesem Nicht-Vergessen auffordern, wie es der Schreiber des 103. Psalms praktiziert: »Lobe den Herrn, meine Seele, und vergiß nicht, was er dir Gutes getan hat!«

## Was ich dir wünsche

DIE ERFAHRUNG,
daß Vergebung von Bitterkeit befreit

DIE ENTDECKUNG,
daß Segnen nicht nur den anderen verändert,
sondern auch dich

DAS WISSEN,
daß alle Dinge möglich sind dem,
der da glaubt

DIE SEHNSUCHT,
im Willen Gottes zu sein

DEN GLAUBEN,
daß alle Dinge in deinem Leben
in den Händen Jesu
zu Deinem Besten werden können (nach Römer 8, 28)

# Gehalten

In seiner Hand kann ich das Leben aushalten.
Weil ich gehalten bin, kann ich durchhalten.
Ich kann mich festhalten an IHM,
wenn sonst kein Halt da ist.
Ich kann innehalten vor meinem Sprung in die Tiefe,
denn er ist da und hält mich auf.
Und ich kann andere abhalten,
indem ich ihnen vorhalte,
was er verspricht und hält:
»Kommet her, die ihr mühselig und beladen seid!
Ich will euch erquicken!« sagt Jesus (Matthäus 11, 28)